JUPES TROUSSÉES.

imprimé à cinq cents exemplaires
par les soins de la société
des
Bibliophiles Cosmopolites.

N⁰.

JUPES TROUSSÉES

PAR

E. D.

Auteur de la comtesse de Lesbos

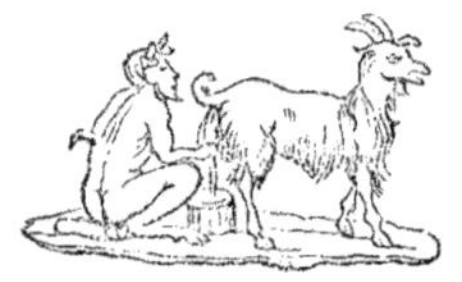

LONDRES

IMPRIMERIE DE LA SOCIÉTÉ COSMOPOLITE

MDCCCLXXXIX

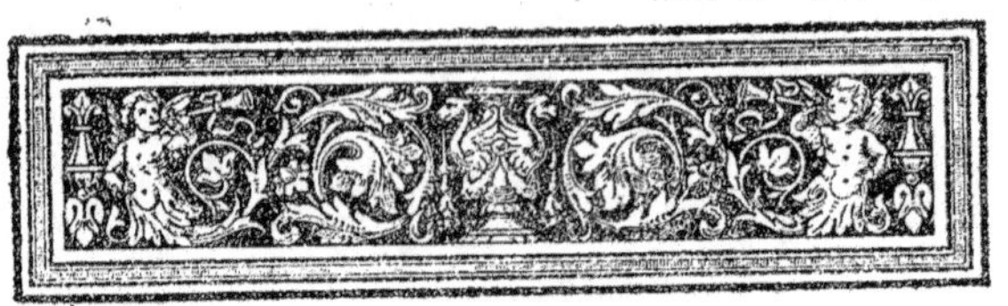

AVANT-PROPOS

*Un bibliophile français de mes amis, cher-
cheur érudit et infatigable a réuni une
collection d'anecdotes sur la flagellation à
diverses époques, collection que nous avons à
notre disposition, jointe à ses souvenirs personnels. Nous donnons ici une partie de ses
souvenirs, et à la suite, quelques extraits de
sa collection, pour ne pas grossir démesurément
le volume. Si la présente publication obtient
auprès de nos lecteurs le succès que nous sommes en droit d'en espérer, je m'empresserai
de publier la suite de la collection, qui pour
ma part m'a vivement intéressé, par le charme*

du récit, et par le piquant des descriptions des jolies scènes qui s'y déroulent, et qu'on sent prises sur le vif. C'est comme le panorama de la discipline, de la fin du siècle dernier à nos jours.

Je laisse la parole au bibliophile, me bornant à coordonner son manuscrit, qui est un peu éparpillé et à le publier sans la moindre retouche, qui ne pourrait qu'être préjudiciable au texte.

SOUVENIRS PERSONNELS

I

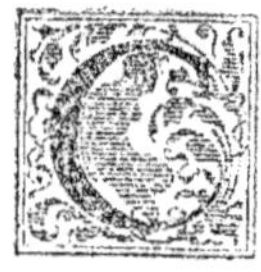OMMENT je devins professeur d'an-
glais, dans le pensionnat que
dirigeait madame Tannecuir dans
une des plus grandes villes de
France, cela importe peu à ce récit. Il suffit
de savoir qu'un mois après mon installation
dans l'établissement, j'avais acquis un autre
titre auprès de la maîtresse, qui était devenue
doublement la mienne. Après un siège assez
court et bien mené, la place s'était rendue
à discrétion.

Madame Juliette Tannecuir, veuve depuis
deux ans, était une fort appétissante brune

de vingt-six ans, dans tout l'éclat de sa beauté, ardente comme un tison, fusillant les gens de ses deux grands yeux noirs, vifs et brillants comme des escarboucles. Son corps moulé avait atteint ce degré de la forme parfaite, qui fait la femme accomplie. Ses charmes amplement développés, sans exubérance, tendaient sur les chairs pleines, rebondies et fermes, une peau satinée, lisse, unie, comme un tissu tiré sur un métier, à ne pouvoir pas la pincer dans les doigts. Une gorge adorablement potelée, coupée par une vallée profonde, s'écartait en deux mamelons gros et résistants, bombant le corsage d'un relief hardi ; deux roses du paradis s'épanouissaient vermeilles sur la neige éblouissante des demi-globes satinés, que je comblais toujours avec ravissement, des plus tendres caresses ; une peau uniformément blanche enveloppait la chair épaisse, coupée au bas du ventre par une superbe fourrure noire, épaisse, fournie, touffue, formant un magnifique verger de Cypris, qui ombrageait l'entrée du temple de Cythère, dans lequel je faisais très-volontiers de fréquentes dévotions ; une admirable chute de reins, terminée par un somptueux reposoir, qui gonflait les jupes d'un audacieux rebondissement.

Avant de contempler sans voiles ces magnifiques trésors, je les avais devinés; mes regards avaient sondé si souvent les arcanes discrets de ces voiles épais, les pénétrant avec une telle acuité, que j'aurais pu les décrire avant de les connaître, et quand je les découvris pour la première fois, quand je pus les palper tout à mon aise, sans obstactes gênants, il me semblait retrouver des charmes familiers et connus, et je leur fis l'accueil d'un ami intime, en y ajoutant les démonstrations enthousiastes d'un fervent adorateur. Chaque fois cependant, que ma charmante maîtresse s'offrait à moi dans le costume d'Eve avant sa faute, je découvrais un nouveau trésor, et ma passion augmentait ainsi chaque jour d'intensité, par cette précieuse découverte.

Le pensionnat de madame Tannecuir comptait environ 80 élèves de 12 à 18 ans. C'était la règle dans la maison, de châtier les écolières indisciplinées, par la fessée manuelle, ou par le martinet, quelquefois par les deux corrections appliquées l'une après l'autre, la première précédant la seconde, pour rendre celle-ci plus cuisante ; les verges ne servaient qu'à de rares intervalles, et pour les délits graves ; pour les fautes qui nécessitaient une correction très sévère, le châtiment se terminait quelquefois, par l'application de quelques terribles cinglées d'une petite cravache de dame, qui déchirait la peau, rendue extrêmement sensible par la fustigation préalable. La main et les lanières, sans détériorer la partie châtiée, à moins d'une correction très violente et prolongée, offrent un châtiment suffisamment douloureux, pour être en général efficace.

Je n'avais pas encore assisté à une cérémonie de ce genre. Au commencement de notre liaison, je m'aperçus que certains jours mon adorable maîtresse, absolument affolée, se démenait comme une possédée entre mes bras, ne me laissant de répit que quand elle avait épuisé ma vigueur, et encore après avoir constaté la détresse de son serviteur, elle m'implorait si tendrement, que je ne lui refusais jamais le petit supplément exquis que l'on devine. Les autres jours, quoique toujours très ardente, elle était plus modérée.

Je connus bien vite le motif de ces alterna-
tives de rut violent; ces rages amoureuses
la prenaient chaque fois qu'elle avait fouetté
quelque joli derrière.

Je ne lui laissai pas de cesse, qu'elle ne
m'eût fourni la facilité d'assister régulièrement
à ces séances émoustillantes. On changea le
local affecté à ce genre d'exercice, local peu
propre au but cherché, et on transporta le
centre des opérations dans un appartement
bien éclairé, spacieux, confortable, qui don-
nait dans un cabinet très obscur, lequel communiquait avec la chambre à coucher de
madame Tannecuir, reliant les deux pièces
par deux portes vitrées. L'obscurité qui ré-
gnait dans le cabinet, permettait de voir sans
risquer d'être vu, . confortablement installé
dans un vaste fauteuil, qu'on roulait auprès
de la porte vitrée.

La première occasion se présenta le lendemain. Une méchante écolière, Charlotte de
C. avait battu une de ses petites compagnes,
l'égratignant et la mordant. On la conduisit,
après la classe du soir, dans la salle de discipline. Je m'étais déjà, sur l'invitation de ma
maîtresse, installé dans le cabinet attenant

ne risquant pas d'être aperçu à mon poste d'observation. Madame Tannecuir entre dans la salle. Elle annonce aussitôt à la coupable qu'elle va d'abord avoir l'honneur d'être fessée sévèrement avec la main, et de recevoir ensuite vingt-cinq coups de martinet, qui la guériront sans doute de ses petites colères. Dès qu'elle a prononcé l'arrêt, elle ordonne aux deux sous-maîtresses, mademoiselle Hélène et mademoiselle Sophie, qui ont amené la délinquante, de la dépouiller de ses dessus.

Charlotte de C. est une mignonne, petite blonde de treize ans, déjà grassouillette et dodue, au gentil minois percé de deux yeux bleus très tendres, dont la douceur ne laisserait pas soupçonner qu'ils appartiennent à une petite méchante. Elle rougit cependant jusqu'aux oreilles, et tremble de honte, en entendant l'arrêt qui la condamne, suivi de l'ordre de la déshabiller, et deux perles brillent au bout de ses longs cils soyeux.

Les deux sous-maîtresses lui ont bientôt retiré ses principaux vêtements, et quand elle n'a plus que ses petits souliers pointus, ses bas de soie gris-perle, sa chemise et son petit pantalon bordé de dentelles, qui moule des rondeurs juvéniles déjà développées, on la pose, sans qu'elle fasse la moindre résistance, en travers des genoux de la maîtresse, qui est assise sur une large chaise, placée de façon à ce que je ne perde aucun détail de l'opération. Elle retire d'abord la chemise du pantalon, la roule jusqu'au haut des épaules, maintient la coupable sous son bras gauche, écarte la fente du petit pantalon sans le rabattre, de façon à mettre au jour une partie des jolis globes charnus qui émergent encadrés dans l'étroite fenêtre, forçant l'ouverture, et elle commence à appliquer sur le coin de chair nue des claques retentissantes, qui froissent et rougissent le blanc satin. L'écolière, qui jusque-là n'avait bougé ni pied ni patte, se tord sous la fessée, gesticulant, levant les jambes, et lançant des coups de pieds.

» Tenez-lui les jambes, mademoiselle Hélène ;
»et vous mademoiselle Sophie, écartez bien
»la fente du pantalon. Clic, clac, clic, clac ;
»eh bien ! petite méchante, égratignerez-vous
»encore vos petites camarades? Clic, clac,
»clic, clac, les mordrez-vous encore, vilaine
»enfant? Clic, clac, clic, clac, je veux vous

»faire sentir votre méchant petit derrière,
»clic, clac, clic, clac, pour vous apprendre
»à ne plus battre vos petites amies.

   » — Pardon, madame Tannecuir, oh! par-
»don! je n'y reviendrai pas. Aie, oh! vous
»me déchirez la peau, grâce, madame, oh
»grâce! —

    — Le voici votre pardon, ma chère, clic,
»clac, clic, clac, clic, clac. A bas la culotte,
»maintenant —".

Mademoiselle Sophie maintient la jolie fille
debout; mademoiselle Hélène épingle la chemise dans le haut, puis déboutonnant le pantalon, elle le rabat jusqu'aux talons, découvrant en entier la jolie mappemonde dodue
superbement développée, comme chez une
grande fille, et les cuisses rondes et blanches;
la partie du derrière, qu'on a saluée dans
l'encadrement de la culotte, semble un petit
ilot semé de roses incarnadines, entouré d'une
mer de lis éblouissants. Mademoiselle Sophie
fait pencher la mignonne, la courbant presque en deux; mademoiselle Hélène agenouillée tient les jambes écartées, et semble contempler avec des yeux gourmands, le charmant objet si drôle avec ses deux tons dif-

férents bien tranchés; entre les deux cuisses écartées de la mignonne, on aperçoit la petite fente virginale, aux lèvres roses, hermétiquement barrées, et au bas de la raie très ouverte, le tout petit point noir.

Mais déjà le martinet retombe cinglant les fesses, qui se tortillent, bondissent, s'écartent, se referment, et rougissent sous les morsures des lanières. «Flic, flac, voici pour vos »griffades, ma belle; flic, flac, voilà pour vos »coups de dents, vilaine petite méchante; cinq »six, sept, huit. —

— «Aïe, aïe, oh! mon pauvre derrière, »vous me l'écorchez, madame; j'y ai le feu. »Aïe, aïe, madame Tannecuir, grâce, grâce! —

— »Non, non, point de pitié; vous aurez tout »ce qui vous revient; il vous faut votre compte, »mon cœur —."

Flic, flac, les lanières retombent plus fort; les coups espacés résonnent avec un bruit sec et sinistre; le petit cul se démène sous les atteintes piquantes, les petites fesses striées de lignes rouges sur toute leur surface, se trémoussent, et la patiente hurle d'une façon pitoyable. Madame Tannecuir semble s'animer considérablement à ce jeu-là; elle est hors d'elle-même, et elle compte à haute voix vingt avec un haro furieux, vingt-un en cinglant la raie entre les fesses, vingt-deux entre les cuisses, vingt-trois sur le minet, et quand elle crie en cinglant vingt-quatre et vingt-cinq, en accentuant le han et le coup, des gouttes de sang perlent sur la peau, pendant qu'on n'entend qu'un hurlement de douleur prolongé.

Le châtiment terminé, on emporte la victime. Aussitôt ma maîtresse bondit, s'élance par la porte que j'ai entr'ouverte, et sans un mot, sans un baiser, hâletante de désirs, elle se renverse sur le bord du lit de repos, les jupes troussées jusqu'au nombril, s'offrant à moi pantelante, dans uu rut furibond. L'entrée du paradis est glissante, lubrifiée par la rosée qui coule encore de son bouton en pleurs, qu'il a distillée sous le seul stimulant magique de l'émoustillant exercice, auquel l'ardente Juliette ne se livre jamais sans éprouver des titillations délirantes, et j'entre sans effort dans la fournaise où je lui montre, une heure durant, que je suis, moi aussi, en état de lui rendre de brillants services.

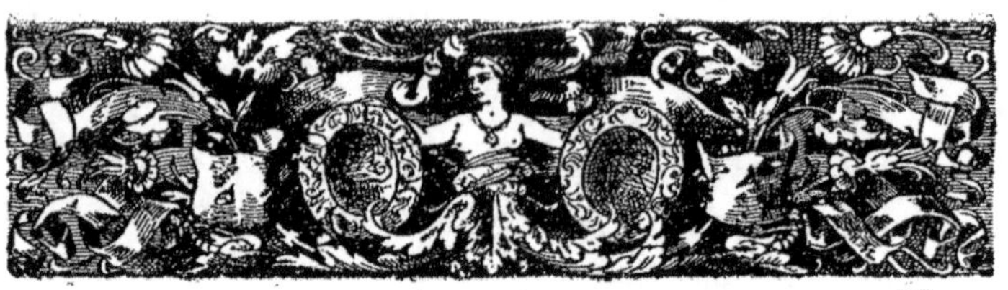

II

ÉLIANE de P. a un caractère indomptable; toutes les répriman-
des qu'on lui adresse sont sans
effet sur elle. Ce matin, après
avoir refusé d'obéir, elle a craché à la figure
d'une sous-maîtresse qui la réprimandait, et
l'a grossièrement invectivée. La cuisinière,
une forte gaillarde de trente ans, et une vigoureuse soubrette ont été requises pour la
traîner avec deux sous-maîtresses dans la
chambre du »fouet". Elle écoute impassible
la lecture de ses méfaits, et l'arrêt qui la condamne à subir la châtiment le plus rigoureux
qu'on inflige aux délinquantes dans l'établissement; six coups de cravache après l'application des verges. Elle entend l'arrêt sans sour-

ciller, debout, narguant son juge et ses bourreaux.
J'en profite pour détailler la belle délinquante.

Eliane est une superbe créature, d'une
beauté troublante, dix-huit ans, plutôt grande
que petite, svelte et audacieusement cambrée ;
un buste à damner saint Antoine et tous les
saints du paradis, une luxuriante chevelure
noire, descendant très bas, lui couvre les
épaules et une partie de la figure ; d'un brusque
mouvement elle la rejette en arrière ; ses
grands yeux noirs et profonds, ombragés de
longs cils soyeux sous d'épais sourcils noirs,
brillent d'un éclat extraordinaire, quand elle
entend sa condamnation, mais pas un muscle
de son visage ne tressaille, la moindre rose
ne se mêle à la neige éblouissante de son
teint lilial.

La cuisinière et la soubrette, suivies des
deux sous-maîtresses, s'avancent pour la dépouiller de ses vêtements ; elle fait un bond
en arrière, comme si elle marchait pieds
nus sur un serpent, et les arrêtant d'un geste
superbe, elle leur signifie d'une voix impérative
qu'elle saura bien se déshabiller toute seule
sans leur aide, et surtout sans qu'on la touche ;
et la lèvre dédaigneusement plissée, l'œil chargé

de mépris, elle dégrafe son corsage, le retire
et le jette au loin ; elle défait ses jupes, ses
jupons, retire son corset, et reste chaussée,
avec son pantalon de fine toile, et sa chemise
de batiste, qui moulent des rondeurs sculp-
turales, gonflant ici la poitrine d'opulentes
saillies dont les pointes crèvent la toile
transparente d'une tache rose, renflant là le
bas des reins d'un superbe relief.

Quand elle n'a plus que ses derniers vêtements, elle attend dans une attitude hautaine,
le buste cambré, la gorge haute les narines
gonflées, qu'on lui dise ce qu'on attend d'elle.
On lui indique une ottomane sur laquelle elle
doit s'étendre. Elle reste encore un moment
debout, et pour accentuer son air dédaigneux,
elle croise les bras sur sa poitrine, faisant
remonter sa gorge ; les épaules s'arrondissent,
le haut de la chemise bâille, descend ; les
valenciennes qui la bordent s'écartent et
laissent voir la naissance d'une gorge de neige,
émergeant à demi de son nid de dentelles,
montrant jusqu'aux petits boutons de rose,
deux jolis seins éblouissants de blancheur,
aux rondeurs séduisantes.

Après deux minutes de cette attitude orgueilleuse, elle se retourne brusquement et se dirige à pas lents vers l'ottomane, balançant dans un déhanchement voluptueux, ses opulents hémisphères, entièrement cachés par les côtés du pantalon et par un pan de chemise qui sort de la fente ; et sans la moindre hésitation, elle s'allonge sur le meuble. Dès qu'elle est en posture, les quatre aides se précipitent sur elle, trois la maintiennent vigoureusement, pendant que l'autre lui passe une courroie autour des épaules pour l'assujettir, tandis qu'elle se débat, refusant de se laisser attacher, protestant qu'elle veut endurer librement son châtiment. On l'attache cependant malgré ses protestations et sa résistance, pour l'empêcher de se démener pendant la correction, et de tenter de s'y soustraire, car le châtiment menace d'être terrible ; on lui écarte ensuite les jambes qu'on attache solidement des deux côtés du meuble par les chevilles. Elle essaie encore de se dégager, bondissant sur l'ottomane, mais devant l'inutilité de ses efforts, elle renonce enfin à la résistance.

Madame Tannecuir s'avance alors, déboutonne le pantalon, rabat les pans, et le descend jusqu'aux genoux, ne pouvant le baisser davantage, à cause de l'écartement des jambes ; elle relève ensuite la chemise, la roule jusqu'au haut des reins, rejette la longue chevelure à droite et à gauche, et découvre enfin ce corps merveilleux, de la nuque aux talons, nu des épaules aux jarretières de soie rose, attachant, au-dessus du genou, de jolis bas de soie gris-perle. Les reins, d'un satin de neige étincellante, terminés par une splendide mappemonde rebondie, charnue, veloutée, superbement développée, montrant entre ses deux magnifiques hémisphères écartés, la raie large, au bas de laquelle on distingue à merveille le petit point noir, entouré d'un cercle brun imberbe, et entre les cuisses rondes et potelées, les bords vermeils de la grotte de Cythère, resserrés, fermant hermétiquement la fente virginale, dont l'entrée disparaît sous d'épaisses touffes de poils noirs.

Madame Tannecuir prend sur une table une longue verge souple et élastique, et commence à l'appliquer sur le beau postérieur, d'abord sans trop de sévérité, rosant à peine le satin, pour préparer la peau à un plus rude châtiment. Eliane ne bouge pas plus qu'un terme. Quand la croupe a pris une teinte plus colorée, réchauffée par les légères atteintes, madame Tannecuir, jugeant que la préparation est ainsi suffisante, accentue la force de ses coups, qui rougissent la surface cinglée. Eliane, qui ressent sans doute vivement les atteintes maintenant manifeste par des soubresauts involontaires, les sensations qu'elle éprouve ; ses magnifiques fesses rebondies s'agitent, se soulèvent, laissant entrevoir le centre des délices à peine entre-bâillé, et sous le ventre une partie de la belle toison noire ; mais le ventre retombe brus-quement, et reste collé à l'ottomane énergi-quement maintenu par la volonté de fer de la patiente.

Juliette continue à cingler vertement les gros hémisphères, qui prennent peu à peu une teinte cramoisie, sans que la sévérité de la correction arrache un gémissement à l'orgueilleuse fille. La fouetteuse cependant prodigieusement surex-citée par la plaisante vue de ce gros posté-rieur, qui bondit de nouveau sous les morsures de la verge, le cingle furieusement, creusant à chaque coup des sillons rouges et profonds sur les chairs palpitantes. Elle la fouette à tour de bras, secouant ses appas qui dansent sur sa poitrine, se déhanchant, poussant des

han furieux, les yeux étincelants, les lèvres
béantes; elle dirige de temps en temps les
pointes piquantes, entre les cuisses écartées,
cinglant cruellement les lèvres entre-bâillées
de la grotte d'amour, hachant les poils noirs
qui masquent l'entrée, forçant la victime à se
soulever si haut, que dans ses bonds, elle
laisse voir toute la haute toison noire, et le
devant jusqu'à la gorge. Quand Juliette se
remet à cingler le cul, les fesses se remuent
lascivement, s'écartent, se referment, et se
trémoussent dans un dandinement voluptueux,
comme à l'approche du plaisir. La fustigée,
toujours muette, doit en effet éprouver une
douce sensation, car malgré les mordants
baisers de la verge, des perles de rosée brillent
suspendues aux frisons noirs qui encadrent
les bords de la grotte.

Madame Tannecuir suspend le châtiment
pendant une demi-minute, le temps d'échanger
les verges contre la cravache. Elle annonce,
en faisant siffler l'air, à la patiente, qu'elle
va recevoir pour finir six terribles cinglées.
Aussitôt la cravache retombe en sifflant, cinglant
le derrière en travers, et déchire les deux
globes à la fois. Elle recommence ainsi, comp-

tant jusqu'à quatre, maniant la cravache avec une lenteur désespérante, hachant chaque fois la chair sur les deux globes ; la victime reste toujours impassible, malgré les cuisantes morsures de l'affreux instrument ; et quand les deux dernières cinglées s'abattent avec un horrible sifflement sur la chair palpitante, y découpant deux festons sanglants, l'indomptable Eliane, dont le corps se tord sous l'horrible torture, retient son souffle.

Quand ma maîtresse me rejoignit dans le cabinet, elle me dit que la hautaine jeune fille s'était mordu la lèvre jusqu'au sang, pour refouler un cri d'angoisse prêt à lui échapper.

III

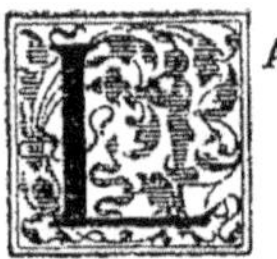A tendre Victoire, blondinette de treize ans, va recevoir une fessée, pour la guérir de sa paresse habituelle. Madame Tannecuir la jette en travers de ses genoux, relève ses dessous, défait son petit pantalon, trousse sa chemise, et découvre deux petits globes charnus, aimablement potelés, d'un blanc de lait. La mignonne n'oppose pas de résistance, la maîtresse, qui la maintient sous son bras gauche, commence à lui distribuer une grêle de claques sévères qui rougissent le blanc satin. La fillette, qui ne trouve pas la fessée de son goût, se met à crier et à gesticuler comme une possédée: «Tenez-lui les jambes, mademoiselle Hélène», dit la maîtresse; la jeune sous-maîtresse la maintient immobile, et Mme Tan-

mecuir reprend la fessée : clic, clac, clic, clac. Soudain la sous-maîtresse s'écrie : Oh ! la «petite sale ! Voyez, madame, voyez donc» ! La mignonne, dans son trouble, lâchait une petit cascade, qui descendait sur ses jambes et sur les mains qui la tenaient.

Madame Tannecuir se lève et sonne une femme de chambre, qui arrive bientôt et, qui mise au courant, va essuyer la petite sale dans un coin ; puis, sur l'ordre de sa maîtresse, elle dépouille entièrement la blondinette, ne lui laissant que ses bas de soie rose, et ses mignons petits souliers ; puis elle la hisse à cheval sur ses reins, lui tenant les mains par devant. Madame Tannecuir prend alors le martinet et commence à fustiger le tendre postérieur de l'impertinente, et lui adressant ces quelques mots : «Ah ! oui, petite malpropre, «flic, flac, la fessée vous donne de ces vilaines «envies, flic, flac, voyons si les lanières pro-«duiront le même effet ! Flic, flac, flic, flac, «c'est un peu plus cuisant ceci, flic, flac, çà «cingle mieux ; flic, flac, flic, flac, et çà meur-«trit votre joli petit derrière. Flic, flac, flic, «flac. Si nous nous adressions un peu au cou-«pable, maintenant ! flic, flac, flic, flac, il lu[i]

«faut une petite leçon à lui aussi, flic, flac,
flic, flac, «flic, flac.»

La mignonne, qui fait une ceinture de
ses jambes à la soubrette, étale sous ses
fesses arrondies, bien écartées, son petit minet imberbe; la fouetteuse en profite pour le
cingler vivement; la fillette se tortille, gigotte
sur les reins, et crie comme une brûlée.

«Aïe, aïe! ô madame! vous me déchirez;
«mon pauvre derrière me cuit, il me brûle;
«grâce, madame, pardon, je ne le ferai
plus.» —

Mais ses pleurs et ses cris n'ont pas le
don d'émouvoir la fouetteuse, qui s'excite
à la vue des plaisantes contorsions du petit
cul meurtri, et redouble de vigueur. En ce
moment, la cascade, provoquée par l'émotion
ou la douleur, recommence de plus belle,
inondant le dos de la porteuse, et coulant
sur ses jupes. A cette vue la fureur de madame Tannecuir ne connaît plus de bornes,
elle cingle de toutes ces forces les jolis globes
cramoisis, qui se couvrent de raies livides,
en se reprenant à admonester la coupable:
«Petite malpropre, flic, flac, je vous ferai
«passer ce vilain défaut, flic, flac, quand je

«devrais vous faire couler le sang jus-
«qu'aux talons, Flic, flac, flic, flac, voilà qu'il
«jaillit; flic, flac, flic, flac, recommencerez-
«vous, petite sale? Flic, flac, flic, flac, re-
«commencez, recommencez, recommencez
donc, flic, flac, flic, flac, flic, flac.

Le sang commençait en effet à perler sur
les fesses, quand la fouetteuse laissa la
mignonne hurlant de douleur, pour venir me
retrouver dans le cabinet.

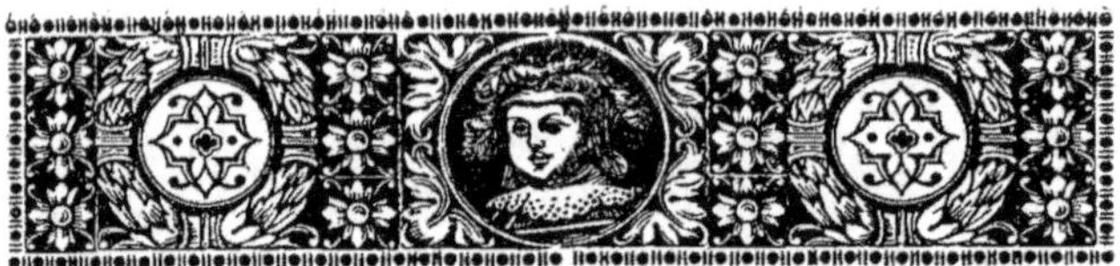

IV

UN jour que ma maîtresse avait à corriger deux jolis postérieurs, je voulus m'exercer dans le rôle de fouetteur. Juliette y consentit; et voici comment nous arrangeâmes la chose. On fit montrer les délinquantes, l'une après l'autre. Ce fut d'abord la mutine Josèphe, quatorze ans, cheveux châtains, nez moqueur, qui fut introduite. Madame Tannecuir, aidée d'une sous-maîtresse, la déshabille en un clin d'œil. On la laisse avec son petit pantalon et sa chemise, chaussée de petites pantoufles; on la conduit ensuite vers le lit de repos; on la renverse sur le bord, les bras en croix, attachés aux extrémités, les jambes écartées, les chevilles attachées aux pieds du lit. La sous-maîtresse renvoyée, Juliette prend un mouchoir, en fait un bandeau épais, et le met sur les yeux de la délinquante, de façon à l'empêcher de rien voir de ce qui va se passer.

Quand la victime est préparée, on me fait signe ; je m'avance sur la pointe des pieds ; je me suis déchaussé pour ne pas faire de bruit, et je n'ai gardé que mes vêtements indispensables, pour n'être pas gêné dans l'exercice de ma nouvelle fonction. Le petit pantalon de la mignonne, collé sur les charmes qu'il enveloppe, laisse deviner d'aimables rondeurs juvéniles ; un pan de chemise, qui sort de la fente, cache encore la chair nue. Je glisse la main dans l'ouverture, palpant avec plaisir le doux satin des petites fesses dodues ; je repousse la chemise, je la roule jusqu'au haut des reins, découvrant un dos d'ivoire satiné ; dans la fente du pantalon qui s'écarte sous la pression des petits hémisphères bombés, jaillit un coin de chair blanche, qui se met à la fenêtre. Je déboutonne la culotte, mettant à nu le joli postérieur arrondi en petite mappemonde renflée, au-dessus de deux cuisses rondes et blanches, laissant voir entre les cuisses écartées la petite fente rose, étroitement reserrée, bordée de petits frisons roux à peine poussés.

Pour fouetter la mignonne à l'aise, j'entoure son buste de mon bras gauche, j'enferme dans ma main un petit sein rond et menu, qui la remplit; je lève la main droite, et j'applique aussitôt quelques claques sonores sur le petit postérieur, qui se met à gigotter, à bondir, à se trémousser, tandis que le petit mamelon se gonfle et s'agite dans ma main. Clic, clac, clic, clac, ma main retombe sèche et dure en travers des fesses, qui rougissent à chaque gifle; de temps en temps, je la cingle sur les cuisses, froissant la peau plus tendre en cet endroit, et parfois très vertement entre les cuisses écartées, froissant le petit minet, qui se trémousse à chaque atteinte, tandis que la patiente sanglote et demande grâce. Je regarde la maîtresse, qui me fait signe des yeux que non; je recommence donc à cingler dur et ferme, prenant un sensible plaisir à cet aimable divertissement.

Juliette, à ce moment, vient s'assurer de l'effet que produit sur moi cet émoustillant exercice, et pendant que je continue à fesser le joli derrière, elle glisse une main quêteuse dans ma braguette, où elle constate l'état brillant de son fidèle serviteur; elle se dispose sans doute à lui demander quelque service immédiat; malheureusement pour elle, elle lui parlait si tendrement et de si près, que tout à coup, sans crier gare, il s'épencha onctueusement entre ses lèvres.

La délinquante profita de ma distraction, et s'en tira avec une fesse rouge pourpre, et l'autre à peine rose.

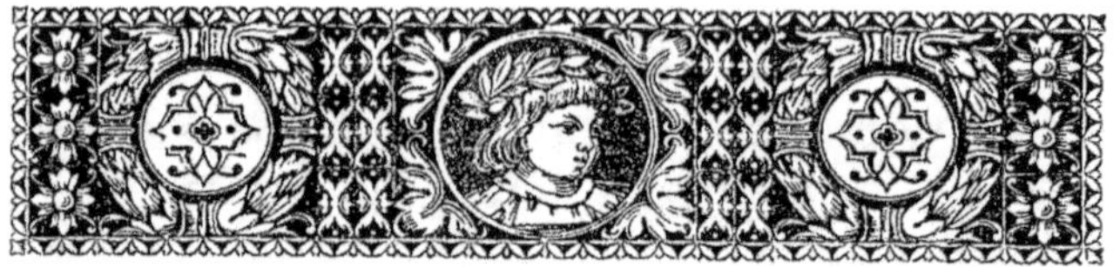

V

E regagnai le cabinet pendant que madame Tannecuir délivrait la patiente, et sonnait pour qu'on amenât Rosine de B., la seconde délinquante, celle-ci ayant commis une faute grave, pour recevoir un châtiment sévère. Deux sous-maîtresses introduisent Rosine; Josèphe, qui finissait de se rhabiller, reçoit la permission de s'en aller. La nouvelle venue est une belle brune, au teint lilial, de seize ans, ni grande ni petite, la taille parfaite, entre les deux, développée pour son âge; l'enveloppe très garnie promet des charmes rondelets. Elle se laisse retirer ses dessus, et reste en chemise et en pantalon,

chaussée de bas de soie et de petits souliers à talons hauts.

On la conduit au milieu de la salle, on lui attache les mains à deux anneaux qui descendent du plafond, et les pieds écartés à deux cordes fixées à des crochets; puis renvoyant les deux sous-maîtresses, madame Tannecuir va fermer le verrou, et vient prendre les mêmes précautions qu'avec la précédente; elle lui couvre les yeux d'un épais bandeau descendant jusqu'au-dessous du nez, pour qu'elle ne puisse rien voir.

Quand toutes les précautions sont prises pour éviter toute surprise, je me glisse dans la salle sur la pointe des pieds. La mignonne est faite au tour; des rondeurs exquises bombent la fine toile qui les emprisonne; ces superbes apparences promettent des merveilles. Mes mains impatientes se portent sur la partie exubérante, qui renfle le bas des reins, avec une précipitation dont la hâte évidente fait sourire ma maîtresse; après avoir palpé les délicieux contours sous les voiles, je déboutonne le pantalon, que je fais glisser jusqu'aux pieds; puis soulevant précipitamment la chemise, je la remonte jusqu'au haut des épaules, découvrant en entier le dos merveilleux. Tout le long des reins du plus blanc satin, court un sillon profond, qui partage sous une taille de guêpe, que fait ressortir la saillie des hanches, une ample mappemonde, et deux globes rebondis, arrondis en forme de pomme, soutenus par deux cuisses d'une coupe sculpturale, et par deux jambes moulées, fines et délicates; pendant que je m'extasie devant ces beautés parfaites, Juliette épingle la chemise dans le haut, puis je passe devant.

Avant de relever la chemise par devant, je plonge mes regards ravis sur un trésor adorable. Douillettement couchés dans un nid de dentelles qui ornent le haut de la chemise, deux superbes tétons de neige dure, appuyés sur le rebord, émergent ronds et fermes, pointant fièrement leurs petits boutons de rose. La tentation est bien forte; je voudrais les manger de caresses, les prendre dans mes lèvres, les rouler sous ma langue, les sucer, les mordre; mais c'est du fruit défendu, et je les quitte à regret, pour relever la chemise. J'y mets le temps, par exemple, ne découvrant que peu à peu les ravissants trésors de ce corps adorable; au haut des cuisses,

des frisons noirs dérobent l'entrée du centre
des délices, annonçant une superbe fourrure ;
je découvre peu à peu la toison, qui est déjà
fournie, large et haute, quoique un peu courte
(c'est un poil de deux ans à peine), d'un noir
de jais, ce qui promet pour plus tard un
magnifique angora ; la toison monta ainsi
fournie jusqu'à mi-ventre, tenant toute la lar-
geur, puis elle monte en pointe jusqu'au
nombril ; et quand elle est découverte en
entier, on dirait un double triangle inférieur
large, épais, garni, une vraie fourrure ; le
triangle supérieur, clair-semé, moins fourni,
plus ras, allant en se rétrécissant en pointe
qui fuit vers le nombril, estompant en noir
la neige de la peau. La chemise est troussée
jusqu'en haut ; Juliette l'attache, et contemple
de nouveau, plongé dans le ravissement, l'objet
adorable qui me tente. Les deux blancs jumeaux, libres maintenant, sans soutien, braquent
toujours vers le ciel leurs petites pointes roses
bercées sur les globes dodus et fermes par
le souffle égal qui les soulève.

La maîtresse passe derrière, et commence
avec la main la correction promise. Clic,
clac, clic, clac, j'entends résonner les gifles

qui retentissent bruyamment sur les chairs pleines et dures, mettant en mouvement tout le corps de la mignonne, qui est lancée chaque fois en avant; la toison danse sur le ventre, les seins sautent sur la gorge palpitante, la patiente étouffe des gémissements. Clic, clac, clic, clac, les cuisses s'écartent; je me penche vivement, et j'aperçois la fente virginale étroitement barrée au milieu d'un fouillis de poils; la tentation me reprend de mordre quelque chose, mais comme ceux d'en haut, celui-ci aussi est du fruit défendu; et je m'arrache à ma dangereuse contemplation, pour courir où j'ai mon couvert mis.

Après avoir contemplé un moment les effets de la fessée sur le magnifique postérieur, dont les lis ont fait place à la rose, je viens remplir un devoir pieux, et rendre à ma charmante maîtresse, les bons soins que je viens d'en recevoir. Je viens à mon tour constater le degré de chaleur qui arde le mystérieux réduit; je me glisse sous les jupes, écartant tous les obstacles; Juliette qui me devine, écarte les cuisses, je mets le nez sur l'objet, et j'ai le plaisir de constater qu'il a déjà acquis un beau développement, car il sort de sa prison et vient au-devant de mes lèvres, ma bouche l'emprisonne très vite, et ma langue lui fait fête aussitôt. La fête ne dura guère, je sens bientôt le mignon pleurer de plaisir; la fouetteuse s'assied sur mon nez, se trémousse, se pâme, divinement remuée, sans jamais discontinuer de fesser à tour de bras, le joli cul cramoisi, sur lequel retentissent les gifles sonores.

Quand je quitte ces bords sacrés, émergeant des lieux sombres, et que je revois le jour, mon premier regard est pour la belle mappemonde empourprée, mon second, suivi d'un ardent baiser, pour ma charmante maîtresse, qui cesse enfin de fesser le beau derrière. La danse cependant n'est pas finie; le martinet doit succéder à la main sans interruption. Juliette, avant de prendre l'instrument, me fait signe de continuer l'exercice, ce que je fais avec le plus grand plaisir; la main se repose volontiers sur les chairs, chaudes et satinées, si douces au toucher! Pendant que je la remplace auprès de la patiente, je tourne la tête pour voir ce que fait mon aimable maîtresse. Elle quittait tous ses vêtements, même son pantalon, ne gardant

que sa chemise, ses bas de soie noire et ses
petits brodequins. Bien qu'elle ne m'ait rien
dit de ses intentions, je devine facilement ce
qui va se passer, en je m'en réjouis, car
son fidèle serviteur est disposé à réparer
brillamment ses torts.

Juliette arrive avec son martinet, me déloge
et se met à brandir les lanières; mais avant
de les laisser retomber, elle tourne vers moi
des yeux suppliants et s'apercevant que je l'ai
comprise, car je m'avance l'arme au poing,
elle prend sa chemise dans ses deux mains,
la relève brusquement, se découvrant jusqu'aux épaules, écarte les jambes, se penche
en avant, et me présente sous l'ample croupe
glorieusement développée, le centre des délices
qui bâille; dilaté par le désir qui l'arde; le
four brûlant lubrifié par la chaude rosée que
distille encore le bouton ravi, me reçoit facilement jusqu'à la garde. Mon ventre se
colle aux opulents hémisphères, j'embrasse le
haut du corps dans mes bras, je dénoue les
cordons de la chemise, et je prends dans
mes deux mains les deux gros tétons rebondis,
qui malgré leur aimable saillie, sont durs
et fermes, comme les seins ronds et menus

d'une tendre pucelle. Ainsi accroché aux superbes reliefs, je me livre à des assauts réitérés, dans un va-et-vient, lent, cadencé, la tête sur son épaule, pour ne rien perdre du ravissant tableau que j'ai sous les yeux.

Les lanières retombent sur les fesses empourprées, cinglant sévèrement la croupe du haut en bas. La mignonne, qui a supporté stoïquement la fessée n'accepte pas aussi volontiers la férule; son gros derrière se démène, bondit, les globes s'écartent, se resserrent, et elle se plaint amèrement en demandant grâce. Mais l'inflexible maîtresse reste sourde à ses prières et à ses cris; et manie très sévèrement la discipline. Ses gros tétons dansent sur sa poitrine, se soulevant, repoussant la main qui les enferme, chatouillant la paume de leurs pointes empesées; les grosses fesses se secouent sur mon ventre; à chaque moulinet de son bras, dans l'effort qu'elle fait, le vagin se resserre sur le prisonnier, le comprimant du bout à la racine. Flic, flac, flic, flac, les lanières zèbrent les fesses; flic, flac, flic, flac, la mignonne crie qu'on l'écorche; flic, flac, flic, flac, flic, flac, une grêle de coups répond à ses vociférations, dirigés partout, dans la raie, entre les cuisses, cinglant les petites lèvres du minet; chaque fois que les lanières atteignent l'endroit sensible, Rosine pousse des cris aigus, annonçant qu'elle est touchée au vif.

Bientôt, cependant, bien que la correction augmente de sévérité, la victime semble s'apaiser, ses cris se changent en plaintes, les plaintes cessent, puis ce sont des gémissements entrecoupés de tendres soupirs; et je soupçonne la mignonne d'éprouver en ce moment une sensation plutôt agréable que douloureuse. Enfin, après une grêle de coups furieux, Juliette lâche l'instrument, et se tord pantelante dans mes bras, tandis que je l'inonde de mes faveurs.

Quand nous sommes dégagés, nous remarquons que les cuisses de Rosine sont mouillées ; Juliette me regarde en riant. Nous passons devant; en nous penchant, nous voyons le petit bouton vermeil, encore palpitant, qui a mis le nez dehors, et tout autour on voit des perles briller suspendues aux frisons noirs qui entourent les bords de la grotte.

Je regagne le cabinet; la maîtresse, après avoir réparé son désordre et refait sa toilette, fait reprendre ses vêtements à la fustigée, et la congédie. Celle-ci partie, Juliette, insatiable me rejoint, et revient me mettre à contribution quatre fois dans une heure. Il est avec le ciel des accommodements, il en est avec l'amour; et les exploits que le vaillant champion n'accomplirait sans peine, un habile suppléant sait les mener à bien. Le sage sollicité ne refuse jamais rien.

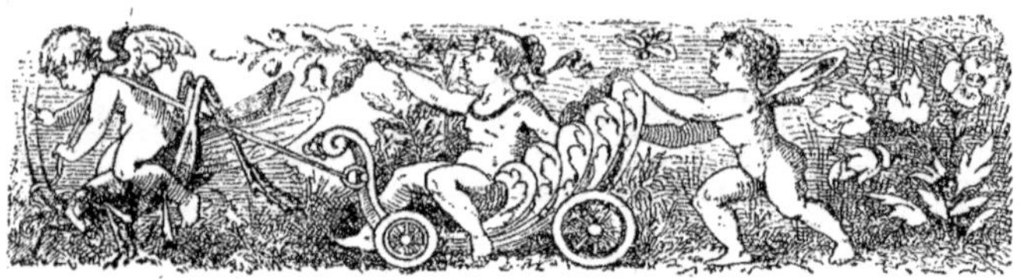

VI

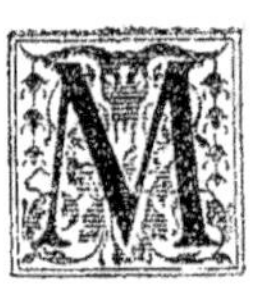ADAME Tannecuir ayant remarqué que mademoiselle Hélène, la blonde sous-maîtresse, prenait un grand plaisir à voir donner le fouet, voulut se rendre compte de ce que la jeune fille éprouverait à l'appliquer elle-même, en assistant au spectacle à son insu, cachée avec moi dans le cabinet. Elle lui proposa donc de la remplacer auprès d'une jeune indisciplinée de quinze ans, qu'elle avait condamnée à recevoir trente coups de martinet, précédés d'une fessée préalable. A l'annonce de cette aubaine, les yeux de la sous-maîtresse s'animèrent d'un éclat extraordinaire, ses joues s'empourprèrent, et sa figure exprimait un vif contentement, quand elle accepta la proposition. Juliette la laissa donc pour cette fois

agir à sa guise, et après lui avoir donné pleins pouvoirs, elle vint me retrouver dans le cabinet où je l'attendais, en passant par sa chambre pour détourner les soupçons.

J'avais placé deux chaises près de la porte vitrée; elle en retira une, en me disant que la mienne suffirait; et pour me le prouver elle s'assied sur mes genoux, m'entoure le cou de ses bras, et me plante ses lèvres sur les lèvres, dardant sa petite langue, et cherchant la mienne; sa douce main satinée, qui fouillait dans ma braguette, en retire mon braquemart en superbe état; elle se glisse à genoux, et vient le prendre dans sa bouche; je dus l'en retirer vivement, pour empêcher le gaillard de s'épancher dans la chaude prison de velours qui le retenait. Je relève la belle, je l'empoigne à bras le corps, je la renverse en travers de mes cuisses, la soutenant dans mon bras gauche, et je glisse ma main sous les jupes, explorant les profondeurs. Pour être plus à l'aise, mon aimable maîtresse avait retiré son pantalon, de sorte que je parcourais librement tous ses appas cachés, sans être arrêté par le moindre obstacle; ma main glissait le long du ventre, frisottait la superbe motte touffue, redescendait glissant entre les cuisses, passait lentement sur la fente, remontait entre les fesses potelées, pressait les chairs fortement, redescendait laissant courir les doigts dans la raie, et chatouillant le bas du bout du médius; prenant ensuite à poignée la grotte et la toison, que je palpe et que je presse entre mes doigts, et penché sur elle, je lui mords les lèvres; je branle en même temps d'un doigt agile fixé dans la fente, le petit bouton, qui se couvre bientôt d'une douce rosée, tandis que la gorge palpite, repoussant violemment le corsage.

Juliette pâmée est toujours renversée, je dégrafe le corsage, j'écarte les dentelles de la chemise, je glisse ma main dans l'échancrure élargie, et je pose mes lèvres sur la belle gorge nue qui s'impatientant dans sa prison a jailli à demi du corset, reposant sur le rebord les deux belles roses du paradis, taches rouges sur fond blanc.

Dans la salle à côté, on prépare la gentille Noélie pour la discipline. Mlle Hélène, les yeux brillants, le teint animé, aidée de Mlle Sophie, la seconde sous-maîtresse, retire le corset de la mignonne, qui n'a plus que sa chemise et son petit pantalon. Les yeux noyés de larmes, le rouge de la honte empourprant ses joues, la tendre victine balbutie des mots entrecoupés, dans lesquels on distingue ceux de grâce et de pardon. Mais Mlle Hélène, sourde à ses supplications, entraine la délinquante, s'assied sur une chaise, jette la coupable en travers de ses genoux, rabat le petit pantalon, trousse la chemise, la roule jusqu'en haut, et la maintenant sous son bras gauche, elle se dispose à la fesser comme une petite fille; mais avant de commencer, elle contemple d'un œil gourmand et plein de convoitise, le joli postérieur potelé; les lis éblouissants du satin, la forme exquise de ces globes arrondis, fascinent son œil ébloui, et arrêtent un moment sa main suspendue sur le joli cul condamné, comme une épée de Damoclès.

Pendant ces opérations préliminaires, sans en perdre le moindre détail, nous nous préparions de notre côté à prendre la meilleure part possible au divertissement. J'ai rabattu ma culotte, mettant à l'air mon boute-joie quillé; Juliette m'enjambe à reculons, s'assied sur mon bâton, que j'aide à se glisser dans l'étui qu'on lui présente, et elle vient appuyer sur mes cuisses son superbe reposoir, qui

déborde des deux côtés en opulents reliefs;
et tandis que je la soutiens par les cuisses,
elle se lève sur la pointe des pieds, et se
met à voyager sur ma quille, la lâchant à
moitié quand elle monte, et l'engloutissant
tout entière quand elle redescend.

Clic, clac, clic, clac, Mlle Hélène se
décide enfin à inaugurer la danse; les pre-
mières claques amènent sur la surface blanche
une teinte rosée. Noélie regimbe et lance
des coups de pieds; la fesseuse prie sa ca-
marade de tenir les jambes de la mutine,
et se remet à cingler sévèrement les globes
qui rougissent très vite. «Débattez-vous donc,
«mademoisselle; clic, clac, je vous promets
«de vous tanner la peau, si vous faites la
«méchante. Clic, clac, clic, clac, il faut
«que vous gardiez longtemps le souvenir,
«clic, clac, clic, clac, de ma verte fessée»!

Comme elle le disait, elle la fessait en
effet avec une vigueur extraordinaire, froissant le satin à chaque gifle, dont la vive
cuisson redoublait les cris de douleur de la
patiente, et les trémoussements de son postérieur meurtri, qui se tortillait et se tordait
de façon fort plaisante. Mlle Hélène qu'ex-

citait prodigieusement la vue de ces aimables contorsions, la fouettait comme une nonne en furie, et les dernières claques soulevèrent des cloques sur la peau fumante.

Juliette voyageait toujours allègrement sur ma quille dressée, et à ce moment le bouton suintait, le vagin qui emprisonnait ma colonne, se tordait sur elle, la serrait étroitement et lui arrachait des larmes brûlantes...

Mlle Sophie s'installe sur une chaise, prend la délinquante dans ses bras, la met entre ses genoux, relevant ses jupes, pour maintenir solidement la coupable entre ses cuisses, nous laissant voir, quand elle écarte les jambes, un coin de chair blanche aussitôt disparu. Elle presse la patiente sur son sein, la maintient fortement entre ses genoux, l'obligeant à tendre au bas des reins cambrés dans cette posture, le beau champ de manœuvre, tandis que Mlle Hélène s'emparant du martinet, vient reprendre la sévère correction.

Juliette, qui s'enquiert de l'état de maître Priape, le trouvant en tenue de service, me fait tenir debout, relève ses jupes par devant, s'accote à moi, prend ma colonne dans sa main droite, pose la tête à l'entrée, et se

sert du gland, comme 'du bout d'un gros doigt,
pour le porter sur le bouton ; je l'entoure de
mon bras droit et la bouche sur la bouche ,
nous repartons pour Cythère . . .

Flic, flac, flic, flac, les lanières cinglent
le cul de la délinquante ; nos lèvres se désu-
nissent, pour porter nos regards sur le gracieux tableau que nous avons en face, sans
que Juliette, qui tient toujours la colonne
dans ses doigts, cesse son voluptueux frottement.

«Flic, flac, aimez-vous le fouet, aimable
«Noelie? flic, flac, si ceci est de votre goût,
«vous serez servie à souhait, mignonne. Flic,
«flac, votre derrière, avec ses plaisantes
«mines, semble solliciter les caresses des
«lanières ; flic, flac, vous en voulez, ma
«belle, flic, flac vous en aurez, flic, flac, tant
«que vous en voudrez, flic, flac, et même
«davantage.»

La fustigée vocifère, implorant sa grâce,
mais ses lamentations ne font qu'exciter la
fureur de la fouetteuse, dont les yeux, qui
luisent comme des escarboucles, lancent des
étincelles de luxure, et qui redouble de vigueur, meurtrissant à chaque coup la belle

lune, dont la teinte cramoisie passe au rouge
violet. Cependant les derniers coups de la-
mières retombent moins sévères; la fureur
de la fouetteuse semble s'apaiser, de même
que les cris de la patiente qui se tait enfin;
et toutes deux finissent, l'une de donner,
l'autre de recevoir, dans le plus absolu silence,
qui n'est rompu à la fois que par un duo de
tendres soupirs, dont nous devinons la cause;
mais comme en ce moment, mon gland irrité
par le frottement incessant qui l'échauffait,
et poussé aussi par l'énervement de la colonne
rudement secouée, crachait sa colère au
nez du bouton, qui bavait de plaisir, nous
n'eûmes pas le loisir de constater de visu le
dénouement.

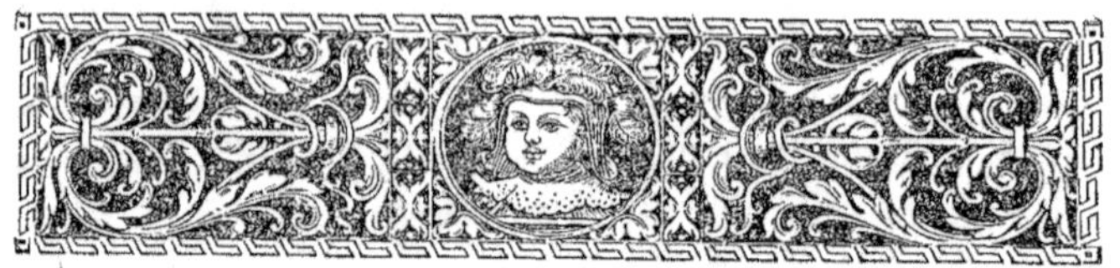

VII

ADAME Tannecuir, pour se refaire la main, voulut iufliger elle-même le lendemain, une correction bien méritée à mademoiselle Héloise de R., un joli tendron de dix-sept ans, aux cheveux blond-cendré, aux doux yeux de gazelle, dont la candeur angélique ne laissait pas soupçonner que la mignonne était la plus indisciplinée des pensionnaires. S'étant bien trouvée de la séance au bandeau, qui favorisait l'accouplement des jeux voluptueux à l'application de la discipline, Juliette voulut recommencer l'aimable simultanéité.

J'assiste, toujours caché, aux préparatifs préalables, et quand la douce Héloïse est à demi-nue, les mains attachées derrière le dos, la maîtresse, après avoir renvoyé ses aides, couvre les yeux de la patiente d'un épais bandeau, la conduit vers un fauteuil, la fait agenouiller sur le bord, en lui promettant de doubler la dose, si elle cherche à se soustraire au châtiment. La mignonne s'agenouille penchée en avant, le front appuyé sur le dossier. Au moyen d'une courroie, qui s'attache derrière le fauteuil, et qui passe sous ses aisselles, elle la maintient immobile, étroitement attachée, ne pouvant remuer que les jambes.

Je quitte alors ma cachette, et je viens à pas de loup, prendre place auprès de la coupable. La chemise, mal enfoncée dans le pantalon, dépasse à peine la fente, laissant voir un peu de la chair blanche des cuisses. Je plonge ma main dans l'ouverture pour repousser la chemise, ce que je m'escrime à faire le plus maladroitement du monde, pour avoir le droit de peloter ces aimables contours potelés; enfin la chemise est repoussée, une partie de la blanche mappemonde apparaît encadrée dans la fente élargie. Je contemple un moment le petit trou noir imberbe, semblable à un œil qui vous fixe, pendant que Juliette épingle la chemise dans le haut; puis je déboutonne prestement le pantalon, que je descends jusque sur les genoux, mettant complètement à nu les fesses rebondies, qui se présentent ainsi dans leur plénitude, ainsi que les belles cuisses rondes et blanches, délicieusement tournées, entre lesquelles on voit très bien la délicieuse fente vermeille, sous un frison qui la cache; la jolie toison blonde s'arrête juste à l'entrée, où l'on voit voltiger quelques mèches folles frisées. Le ravissant postérieur blanc et potelé offre ainsi épanoui, une large surface aux claques qui vont être le prélude d'une sévère correction.

Sur un signe de la maîtresse j'applique, avec le plat de la main, une douzaine de gifles, qui laissent des marques rouges ; la patiente ne souffle mot, mais son derrière parle à sa façon, et manifeste par ses sauts de carpe, qu'il est sensible aux rudes caresses que je lui prodigue.

Juliette, qui vient prendre ma place, me montre ce qu'elle désire. Elle désire parbleu, que je disparaisse sous ses jupes, pendant qu'elle va reprendre mon charmaut exercice sur l'aimable postérieur. Comme je sais que si je souscris tout de suite à ses désirs, la fessée sera vite réglée, je m'amuse un moment aux bagatelles de la porte. Enfoui sous ses vêtements, je grimpe le long des cuisses, par une promenade de baisers ; je mordille là-haut tous les appas secrets je parcours des mains et des lèvres tous les recoins satinés, et eufin, quand j'ai tout vu et revu, je commence le grand œuvre. L'issue ne se fit guère attendre ; à peine avais-je fermé mes lèvres sur la fontaine d'amour, que je sentis couler sur mes lèvres, la chaude rosée que le petit robinet ravi distillait à l'entrée.

La fessée terminée, Juliette prend une poignée de verges réunies en faisceau, formant une verge souple et élastique, et se dispose à changer de gamme. Messire Priape, superbement développé, se demandait de quelle manière il aurait son compte, tout en assistant à la séance. Il fallait s'arranger de façon à ne pas dévoiler nos ébats par des mouvements trop brusques. Juliette retire son pantalon, pendant que je m'installe sur une chaise auprès de la délinquante, la queue au vent. Juliette s'approche, me tourne le dos, prend ses vête-ments à pleines mains, les relève sur ses reins, découvrant sa superbe mappemonde faite de lis éblouissants, m'enjambe à reculons, et vient poser l'entrée de son four entre-bâillé, sur la tête de mon membre, que je tiens tout droit en face du centre des déiices, dirigeant la pointe vers l'orifice; dès qu'elle est dedans, la belle croupe descend sur la colonne, l'engloutissant peu à peu dans son vagin jusqu'à la racine; ses fesses repoussent mon ventre, appuyant fortement sur ma toison ses contours, et elle reste ainsi enchevillée, sans faire un mouvement, tandis qu'embrassant sa hanche dans mon bras droit, je porte ma main sur le devant, à l'entrée de la grotte, et je me mets à branloter le petit bouton d'un doigt agile.

Clic, clac, les verges retombent sur les gros hémisphères, changeant en coquelicots les roses incarnadines que la fessée y a semées; et bien qu'elles ne soient pas très sévèrement appliquées, la fustigée paraît en ressentir vivement les atteintes, car la croupe bondit, les globes s'écartent, se referment, gigottent convulsivement, découvrant les petites lèvres vermeilles, qui bâillent entre les cuisses. Mon doigt court toujours actif et léger sur le bouton, Juliette reste toujours immobile enchevillée sur ma quille. La fouetteuse fortement excitée par les plaisantes mines du gros derrière empourpré accentue la sévérité de la correction. Héloïse se démène comme une possédée, et se met à gémir d'une lamentable façon; la croupe en bondissant s'écarte, et découvre à chaque instant le centre des délices de plus en plus entre-bâillé. Deux coups adroitement dirigés sur les lèvres du minet, arrachent deux cris aigus, à la patiente, qui serre nerveusement les fesses qui se trouent de deux fossettes; mais elles s'écartent de nouveau sous l'avalanche de cinglées qui viennent les meurtrir.

Enfin sous une grêle de coups très sévèrement cinglés, le satin se couvre de raies livides; quelques gouttes de sang perlent à la surface; la fustigée hurle et se tord de douleur. Mon doigt obtenait au même moment un heureux résultat; le clitoris ému palpite et répand une douce rosée, le vagin toujours immobile se contracte sur ma verge, et la comprimant dans toute son étendue, la tette entre ses parois brûlantes, aspirant goutte à goutte sa chaude liqueur.

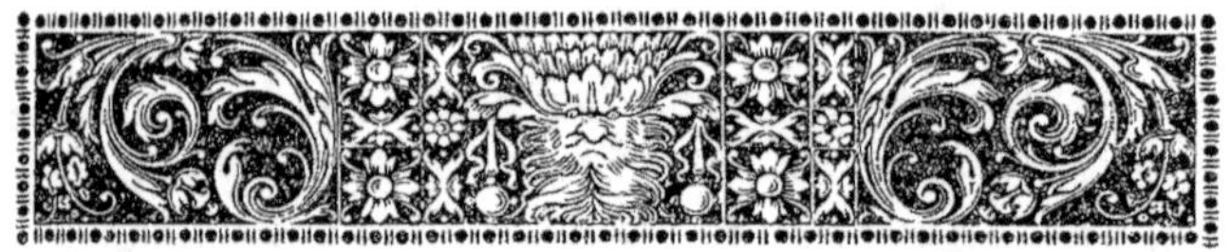

VIII

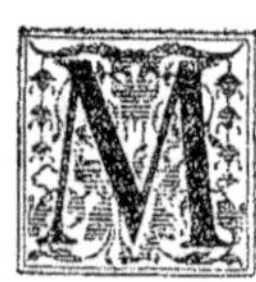ADEMOISELLE Hélène, la blonde sous-maîtresse, fait ses paquets pour quitter l'établissement dans la journée. Elle a été très insolente envers sa maîtresse, qui la reprenait pour un grave manquement à ses devoirs. Mme Tannecuir qui tient à la sous-maîtresse à qui, elle reconnaît une grande fermeté dans l'accomplissement de ses fonctions, fermeté qui lui rend des services signalés auprès de la bande de petites polissonnes du pensionnat, vient la trouver dans sa chambre, pour lui proposer une transaction. Si elle veut se soumettre à une correction corporelle, elle la reprendra ; mais comme il lui faut des preuves de sa docilité, elle ne la gardera qu'à

la condition qu'elle recevra volontairement cinquante coups de verges. Hélène, qui prenait visiblement un sensible plaisir à administrer le fouet, et à le voir donner, devait être sans doute friande de la discipline, car sans prendre le temps de réfléchir deux secondes, elle accepte volontiers la transaction, promettant de subir, sans se plaindre, le châtiment qu'on se propose de lui infliger.

J'étais à mon poste d'observation depuis dix minutes, avisé par ma maîtresse de ce qui allait se passer, quand la porte de la salle s'ouvrit, livrant passage à madame Tannecuir et à la charmante sous-maîrresse. Je ne l'avais jamais considérée comme aujourd'hui, les victimes étant seules intéressantes dans la chambre du «fouet». Hélène est une fort jolie blonde, rablée, potelée, amplement pourvue aux bons endroits; avec cela dix-neuf printemps, une ravissante figure, Vénus ou la Vierge, avec des traits énergiques, quand ses grands myosotis ne sont pas noyés de langueur.

Sans la moindre hésitation, elle s'agenouille sur un coussin de velours, devant une chaise basse, de façon à avoir la croupe plus élevée que la tête; elle appuie son front sur le siège, et relève ses jupes sur ses reins. Un superbe relief bombe la toile du pantalon, tendu sur d'opulentes rondeurs. La maîtresse fait entrer la chemise qui pend par la fente, la repousse dans le haut, et ordonne à la patiente d'écarter elle-même la fente de son pantalon. Celle-ci s'exécute; elle tire sur les bords, et par l'ouverture ainsi élargie, jaillit un coin de chair blanche et rôse, forçant la fente, mais insuffisamment encadrée pour bien recevoir la verge.

«Otez votre pantalon, mademoiselle, dit «madame Tannecuir, je ne puis pas vous fouetter ainsi.»

La belle fille se relève, passe sa main sous ses jupes, déboutonne son pantalon, le laisse glisser jusqu'aux pieds, en sort, revient s'agenouiller sur le coussin, appuie son front sur la chaise et relevant brusquement tous ses dessous elle découvre en entier un superbe postérieur blanc et rose, de la plus riche carnation, étalé de telle sorte, que ses deux belles fesses potelées, charnues, satinées, s'épanouissent dans leur splendide plénitude, offrant un vaste champ de bataille. Juliette, la verge à la main, le teint animé, les yeux brillants de luxure, contemple avec ravissement ce superbe monument, dont l'aspect nouveau pour elle, la remue d'un frisson admiratif ; jamais jusqu'ici elle n'avait travaillé sur un aussi beau terrain de manœuvre.

Elle lève enfin la verge, une verge longue et souple ; un premier coup cingle la croupe en travers, au-dessous des hanches, avec un bruit sec sur la chair tendue, laissant sur les deux globes qu'elle cingle à la fois une empreinte rose ; un second coup, un troisième ; un quatrième résonnent bruyamment, chacun laissant sur le derrière une marque immédiatememt au-dessous de l'autre ; un sixième retombe sévèrement, sans que le derrière manifeste la moindre émotion ; et quand la verge retombe pour la douzième, fois, le cul est rayé de douze sillons roses parallèles, sans que la patiente ait laissé échapper un soupir, ni fait un mouvement d'inquiétude. Juliette remonte, en cinglant adroitement les mêmes sillons, maniant la verge avec plus de sévérité, et changeant les roses en coquelicots. Hélène se trémousse enfin sous les cruelles atteintes, laissent voir dans le mouvement convulsif de ses fesses, entre ses cuisses écartées, les bords vermeils de la fente entre-bâillée, bordés de touffes frisées, dorées comme ses blonds cheveux.

Juliette dont les yeux étincellent redouble de rigueur en commençant l'application de la seconde moitié de la correction. Ses lèvres tremblent, s'entr'ouvrent comme pour sermonner la patiente, mais elle ne dit mot, et paraît s'absorber de nouveau dans l'accomplissement de sa rude besogne. La victime fait preuve d'un admirable courage; malgré la torture qu'elle doit endurer, elle n'a pas une plainte elle ne pousse pas un cri; ses fesses se serrent, se trouent de fossettes, ses cuisses se frottent lascivement, cachant le centre des délices. La verge s'abat terrible maintenant, fendant l'air en sifflant, striant la peau de zébrures sanguinolentes. Les fesses s'écartent de nouveau, laissant voir l'huis qui bâille grand ouvert, exhibant sur le bord, le bouton vermeil, frémissant, secoué, et luisant de la rosée qu'il distille.

La fouetteuse applique les dix derniers coups avec une sévérité croissante, chaque cinglée soulève des cloques sur les chairs hachées, les fesses se pointillent de gouttelettes de sang; les deux derniers coups dirigés de haut en bas dans la raie, froissant les lèvres de la grotte, meurtrissant le bouton, déchirant la peau.

Quand le chatiment est fini, le dernier coup tombé, Hélène, qui n'a pas laissé échapper une plainte, malgré l'horrible cuisson qui arde son derrière mutilé, se relève, les yeux chargés d'amour, luisants de luxure, saute au cou de Juliette, et applique un ardent baiser, qui n'en finit pas, sur les lèvres de son bourreau, qui le lui rend très volontiers, si volontiers même, que ma maîtresse, oubliant sans doute la présence d'un témoin intéressé de leurs démonstrations amoureuses, s'affaisse pantelante sur les genoux, achevant dans ce suave baiser l'œuvre de volupté qu'avait fort avancé le stimulant exercice auquel elle vient de se livrer.

Quand elle est débarrassée de l'étreinte de sa victime, elle se rappelle que quelqu'un s'impatiente et languit à côté, et elle accourt me tirer de peine. Mais elle ardait d'une telle flamme, que je ne pus l'éteindre, malgré les deux heures que j'employai à combattre l'incendie.

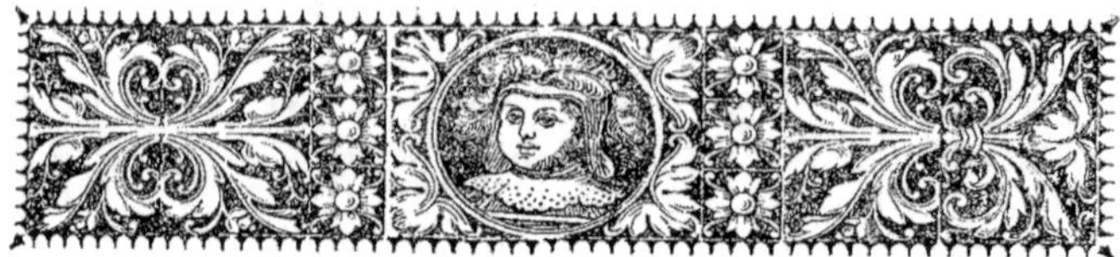

IX

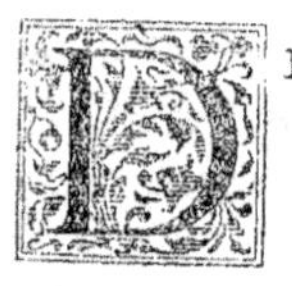EUX jeunes écolières de quatorze ans, Béatrix et Marthé, la première une gentille blondinette fine et délicate, l'autre une vigoureuse petite brune, déjà garnie de rondeurs juvéniles, ont été surprises, se donnant une leçon de physique expérimentale. Mme Tannecuir trouve plaisant de les condamner à se corriger, comme elles ont péché, mutuellement, l'une fustigeant l'autre, chacune à son tour, se réservant d'intervenir, au cas d'une trop grande indulgence, ou de trop de sévérité de la part des coupables, après les avoir préparées au martinet par une sévère fessée, appliquée comme aux petites filles.

Le deux délinquantes sont amenées dans la chambre du «fouet» par deux sous-maîtresses qui doivent prêter main-forte au besoin. Mme Tannecuir prend la tendre Béatrix sous son bras gauche, relève ses dessous, les épingle au haut de la robe, et lui ouvre le pantalon, en recommandant aux sous-maîtresses de tenir les bords écartés; elle administre aussitôt une grêle de claques sur la partie nue, encadrée dans la fenêtre, et qui devient bientôt du plus joli carmin, pendant que la fillette gigotte et se lamente en demandant grace. Puis prenant la jeune Marthe, elle la met dans la même posture, et découvre un coin de chair, qu'elle cingle vertement, imprimant ses doigts sur la peau, sans que la fillette pousse un cri.

Quand la fessée est terminée, on rabat son petit pantalon à Béatrix, dont les dessous sont restés épinglés, on l'agenouille sur le. bord d'un fauteuil, et pendant que Mlle Sophie lui tient les bras et Mlle Hélène les jambes, on met le martinet entre les mains de sa compagne, qui le prend sans hésiter, et s'avance d'un air assuré, l'œil dur et insensible, vers le petit cul condamné, qu'elle se met sur-le-champ à cingler impitoyablement sans sourciller, paraissant au contraire prendre à ce jeu un plaisir extrême. Les lanières, maladroitement maniées, mais avec toute la force de son petit bras, retombent partout, froissant le doux satin. Béatrix pousse des cris plaintifs et se tortille sous les coups. Marthe, avec ses dessous toujours épinglés, montre dans l'encadrement de la fente du pantalon le coin rouge de son derrière fessé ; chaque fois qu'elle brandit l'instrument, la fesse droite, suivant le mouvement du bras, monte et descend, faisant faire au petit cul les plus plaisantes mines.

Madame Tannecuir, suspendant la correction, installe la brunette au lieu et place de la blondine, et donne à celle-ci le martinet, pendant qu'on descend le pantalon de Marthe, mettant à nu un gros postérieur rouge et blanc, dodu, large, offrant un ample champ d'exercice, la tendre et douce Béatrix, qui a les yeux pleins de larmes, malgré la sévérité qu'a déployée son impitoyable compagne, applique le martinet avec toute l'indulgence de son bon petit cœur de tendre blonde. Son petit postérieur tout nu, cramoisi, ne bouge pas, tant les moulinets de son petit bras sont timides, malgré les exhortations réitérées de la maîtresse.

Après trois minutes de cette indulgente correction, Madame Tannecuir prend le martinet des mains de l'innoffensive blondinette, et, sans crier gare, elle laisse retomber les lanières si rudement, que Marthe, qui ne s'attendait pas à ce changement d'antienne, bondit sous la férule, dont la morsure lui arrache un cri perçant. Les fesses, qui étaient à peine roses, gardent de ce cuisant baiser une empreinte écarlate. Les coups se succèdent ininterrompus, couvrant toute la surface d'une teinte violacée.

«Flic, flac, vous en aurez jusqu'à demain, «mauvais cœur; flic, flac, ah, oui, vous «vous plaisez à voir souffrir vos petites ca-«marades! flic, flac, voici pour la méchante «petite fille! Flic, flac, ceci pour vous faire «rire; flic, flac, ceci pour vous faire chanter! «Flic, flac, comment trouvez-vous ceci? «flic, flac, et cela, ma belle? Flic, flac, flic, flac, flic, flac.»

Pendant dix minutes, ces cuisantes caresses tombèrent sans relâche; et quand la fouetteuse s'arrête enfin, le cul fumant de la mignonne, ressemble à un foyer d'incendie.

Le feu s'était communiqué à mon incandescente maîtresse ; j'entrai dans une fournaise, quand elle m'ouvrit le paradis.

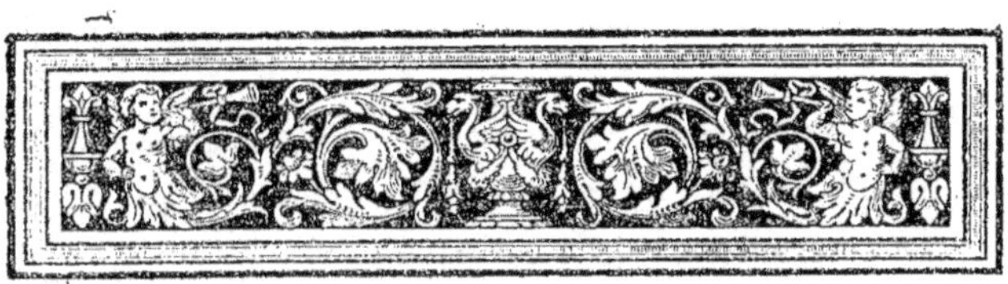

X

ES vacances allaient commencer, et suspendre pendant deux mois nos douces pratiques. Depuis qu'elle avait reçu le fouet des mains de Mme Tannecuir, mademoiselle Hélène, l'ardente sous-maîtresse, regardait son bourreau d'un œil fort tendre, et recherchait toutes les occasions de s'en faire remarquer.

Il y avait un mois que ce manège durait quand un beau jour, trouvant sa maîtresse dans un couloir très sombre, n'y tenant plus, elle lui saute au cou, l'embrasse passionné-ment, se collant à elle, et l'étouffant sous ses caresses. Juliette remuée par les tendresses qu'on lui prodigue, se laisse embrasser volontiers, éprouvant une douce émotion à se sentir aussi tendrement aimée, et lui rend

ses baisers. Se voyant favorablement ac-
cueillie, la folle Hélène se jette aux pieds de
Juliette, se glisse sous ses jupes et avant que
celle-ci tente de s'opposer à l'envahissement,
elle se faufile dans les combles, qu'elle embrasse avec rage. Juliette n'oppose pas la
moindre résistance, et laisse le doux velours
accomplir son œuvre de volupté. Puis sur
les instances de l'ardente fille, elle la conduit dans la salle du «fouet» se disposant à
lui rendre ses bienfaits par un autre procédé
que la mignonne sollicite.

Le hasard voulut que je fusse dans la
chambre à coucher. Se croyant à l'abri de
toute surprise, elles ne prenaient aucune pré-
caution, et le bruit qu'elles faisaient vint jusqu'à
moi. Me figurant qu'on va châtier quelque
délinquante, je me déchausse, et je me glisse
subrepticement dans le cabinet.

Le spectacle qui s'offre à mes yeux me
surprend vivement. Devant moi, madame
Tannecuir, les verges à la main, fouette avec
une extrême indulgence, un coin d'une superbe mappemonde, encadrée dans la fente
élargie d'un pantalon dont je ne connais
pas la propriétaire. Je soupçonne cependant

son nom, au superbe développement du pantalon, tendu sur les magnifiques rondeurs
cachées ; je ne voyais dans mes souvenirs que
la glorieuse croupe de la sous-maîtresse Hélène,
capable d'un pareil arrondissement. Une pen-
sionnaire d'ailleurs n'aurait pas été aussi ré-
signée. Agenouillée sur le bord d'un fauteuil,
le front appuyé sur le dossier, les jupes re-
levées très haut sur les reins, la patiente
tient dans ses doigts la fente du pantalon
très écartée, présentant à la verge une partie
de son derrière nu, car malgré l'écartement
de la fente, les beaux globes n'ont jailli qu'à
moitié, l'autre, moitié tombe des deux côtés
de la culotte.

Juliette semble se plaire tout autant dans
la contemplation du beau monument, que
dans l'application de la verge ; elle dévore de
ses yeux luisants de luxure, les belles chairs
satinées que la verge, maniée avec une extrême indulgence, caresse beaucoup plus qu'elle
ne châtie. La fessée, ainsi administrée, est
sans doute du goût de la patiente, car les fesses
se trémoussent, se serrent et s'entr'ouvrent
méthodiquement, sous les coups mesurés de
la verge caressante. De plus en plus cette façon

de corriger un beau derrière, me paraissait un jeu voluptueux, dont fouetteuse et fouettée semblaient faire une introduction au plaisir. Entre les cuisses de celle-ci, les lèvres roses de la grotte d'amour, suivent le jeu des fesses, s'ouvrant et se fermant, montrant très développé sur le bord de la fente, le clitoris vermeil, luisant au milieu d'un fouillis de poils blonds en frisés.

Cette vue enchanteresse désarme le bras de la fouetteuse, et je vis alors un spectacle auquel j'étais loin de m'attendre. Juliette jette les verges, tombe à genoux, allonge le cou, rejette la tête en arrière, et va coller ses lèvres sur les bords de la fente entrebâillée. L'assaillie accueille l'assaillante sans manifester la moindre surprise et sans faire un mouvement pour essayer de se dégager.

Je regarde, stupéfait, la scène voluptueuse et inattendue qui se déroule sous mes yeux. Juliette, qui se livre à la béatification de la patiente, se distingue dans le temple de l'amour: car les grosses fesses roses reprennent leurs mouvements, comme tout à l'heure sous les verges; elles gigottent vivement,

se trémoussent, sautent, s'écartent, laissant
voir au bas de la raie le petit trou brun,
restent un moment ouvertes, puis se referment, serrées étroitement, se trouent de
deux fossettes, gigottent serrées, se dandinent
lascivement, puis s'écartent brusquement et
restent épanouies. Quand Juliette se retire
de l'embouchure, on aperçoit la grotte béante,
et tout autour les frisons dorés, constellés de
perles brillantes.

La patiente lâche les bords du pantalon,
la fente se referme, le cul disparaît, les jupes
retombent, elle glisse du fauteuil, se retourne,
et je reconnais sans le moindre étonnement,
mademoiselle Hélène la figure empourprée,
qui se jette au cou de sa bienfaitrice et la
mange de baisers. Puis s'agenouillant brusquement devant Juliette, elle disparaît aussitôt sous les jupes. J'eus un moment l'intention de les déranger dans leur tendre duo,
mais puisque je n'étais pas intervenu dans
la première affaire, il n'était que juste que
je laissasse la seconde se terminer à la satis-
faction des deux parties. Bientôt en effet
Juliette manifestait par des soupirs, dont je
connaissais bien l'origine, pour les avoir sou-

vent provoqués, l'enchantement que l'ardente sous-maîtresse lui causait dans l'ombre.

Dès que celle-ci reparaît, rouge, congestionnée, haletante, j'ouvre brusquement la porte du cabinet, et je saute devant le couple effaré ; les deux coupables à ma vue rougissent jusqu'aux oreilles : «Oh, oh ! m'écriai-je, «c'est un peu tard que la pudeur vous «monte au front, mes tourterelles. N'ayez «pas peur ; mes mignonnes, je suis la dis- «crétion en personne ; laissez-moi donc «entrer en tiers dans vos joyeux passe-temps. Vous m'accepterez bien parmi vous?» — Juliette baissait toujours les yeux ; Hélène, qui avait recouvré son [sang-froid, semblait se demander comment j'avais pu faire irruption dans la salle par le cabinet. Elle devina bien vite les relations qui nous unissaient, Mme Tannecuir et moi ; car, comme elle nous le dit plus tard, je ne pouvais me trouver dans le cabinet qu'en passant par la chambre à coucher de la maîtresse, et pour que j'eusse la clef, il fallait bien qu'on me l'eût donnée ; on n'entre pas dans la chambre à coucher d'une femme, sans y avoir quelque droit ; Juliette d'ailleurs s'oublia à me tutoyer, et le pot aux roses ainsi découvert, mieux valait en prendre sagement son parti, que de se désoler; c'est ce que nous fîmes; et comme il faut battre le fer quand il est chaud, je les décidai à rentrer en danse sans coup férir.

Hélène, friande de la discipline, veut goûter des verges; Mme Tannecuir trop indulgente, l'ayant trop ménagée, elle me recommande d'être plus sévère. J'arrange mes aimables amoureuses en un gracieux tableau. Je voulais qu'Hélène seule allât à Cythère, et me réserver toute l'ardeur de ma Juliette pour l'intimité, mais j'avais compté sans mon hôte, comme on va le voir.

Chacune se dépouille de ses dessus, ne gardant que le corset, la chemise, le pantalon, leurs bas de soie, et leurs petits souliers pointus. Je viens d'abord déposer mes hommages, sur la splendide gorge de mon adorable maîtresse, dont les gros demi-globes ivoirins, qui s'impatientent dans leur prison, sautent dans le corset, que je délace, en comblant les aimables captifs des plus tendres caresses; puis, c'est le pantalon que je déboutonne et que je retire, et la chemise vole par-dessus la tête, laissant tout nu ce beau corps d'albâtre, aux plantureux appas, que je connais dans tous les recoins, et que j'admire et caresse toujours avec un nouveau plaisir; je les parcours de la tête aux pieds, arrêtant mon œil charmé sur les opulentes rondeurs, sur la peau de l'ivoire le plus blanc, sur la haute et large toison, qui couvre les trois quarts du ventre d'une grande tache de jais.

Je cours à la blonde sous-maîtresse, qui attend son tour debout. Ici c'est une délicieuse gorge virginiale, faite de lis éblouissants, où deux petites pommes de neige dure, offrent à l'œil ravi des rondeurs séduisantes. Fermes et durs, les jolis globes dodus s'écartent l'un de l'autre, séparés par un petit vallon taillé dans le marbre; la petite pointe dressée, qui crève les dentelles, semble un tout petit bouton de rose enfoui dans la mousse; le satin tendu sur la chair a le poli de l'albâtre; un souffle égal soulève les blancs jumeaux, qui émergent de leur nid de dentelles. Je retire le corset, les seins qui se reposaient sur le bord, et qui n'ont plus de point d'appui, ne descendent pas d'une ligne, et la petite pointe empesée met dans la transparence des dentelles une gouttelette de sang rose. Juliette a baissé le pantalon, et le retire en faisant lever les pieds à la mignonne, ce qui met en mouvement la jolie gorge élastique, qui berce les petits boutons de rose. Je dénoue la chemise, et tandis que Juliette est occupée derrière, je contemple les deux jolis frères ennemis, et ne pouvant retenir plus longtemps l'hommage qu'ils réclament, je plonge dans l'écartement de la chemise, pour dévorer de caresses les divins trésors, dont le satin est du plus doux velours.

Je fais glisser la chemise, l'accompagnant dans sa descente, pour avoir le droit de peloter ce corps délicieusement potelé, les bras pleins et ronds, les hanches saillantes, les cuisses en pain de sucre tronqué, les jambes du plus pur modelé. Quand la chemise est enroulée autour des pieds, quand la superbe créature est toute nue, je contemple extasié cette perle merveilleuse ; Juliette vient me retrouver, et quand je craignais qu'elle ne fût jalouse, elle comble d'éloges ces beautés parfaites, admirant à son tour, et me conviant à admirer avec elle, ces charmes virginaux et divins, que Vénus eût enviés à

Hélène. Je profite de la permission, sans cependant manifester l'enthousiame qui me déborde, pour palper à pleines mains et à pleines lèvres, les rondeurs exquises, de la tête aux pieds.

C'est ensuite le tour du dos, un dos du plus blanc satin, râblé, aux chairs pleines, qui descend vers la croupe superbement développée dans un audacieux rebondissement; la splendide mappemonde, encore un peu rose de l'indulgente fessée, se partage en deux hémisphères charnus, bombés, veloutés, invitant la dent à y mordre, et la main à les claquer.

Je dispose Juliette sur le bord du lit, couchée sur le dos, avec une pile de coussins sous les épaules, de façon à lui tenir la tête élevée, les pieds reposant à terre, les jambes écartées. Hélène grimpe sur le lit, enjambe Juliette, s'agenouille de façon à reposer sa fente sur les lèvres de sa maîtresse, les fesses surplombant la gorge, épanouies et bien développées pour recevoir le fouet. De cette façon j'ai sous les yeux le splendide corps nu de ma charmante maîtresse, les tétons développés, d'une forme admirable, et d'une blancheur éblouissante, coupés par deux roses du paradis, qui tranchent en rouge vif sur la neige de la gorge; le ventre blanc et poli, au-dessous du nombril, l'épais bosquet fourré, d'un noir de jais, au-dessous duquel bâille la grotte aux lèvres roses, ses opulentes cuisses charnues, ses jambes rondes enfermées dans de fins bas de soie.

Au-dessus de la belle gorge de ma maîtresse s'étale le gros postérieur que je vais fouetter. Pour le palper à mon aise, avant de prendre les verges, je lui applique une douzaine de claques; ma main se repose chaque fois avec un plaisir extrême sur ces belles chairs tendres, se relevant pour retomber douce et caressante. Mais l'ardente blonde sollicite des caresses plus vives. Me rendant à ses désirs, je prends la longue verge élastique, dont s'était servie Juliette, et je commence une sérieuse flagellation; chaque coup met des roses sur les lis du satin, et fait bondir l'aimable postérieur que Juliette doit enfermer dans ses bras, pour maintenir l'embouchure sur ses lèvres. Les fesses s'écartent plaisamment, recommençant les jolis mouvements que leur impriment les verges, se serrant, se desserrant, montrant comme dans un éclair le petit point noir au bas de la raie.

Mon œil quitte un moment la croupe, descend complaisamment le long du corps de Juliette; la gorge en arrêt, à peine soulevée par le léger souffle qui l'agite, berce ses roses vermeilles, son gros chat noir, agité de petites secousses, saute sur le ventre; entre les cuisses écartées, la fente qui bâille, laisse voir le bouton vermeil sur le bord. Je remonte vers la croupe, que je crible de coups sévères, qui n'ont pour effet que de la faire sauter en des bonds merveilleux, sur la figure de Juliette, et de faire gigotter convulsivement les belles fesses empourprées.

Le bras droit de Juliette quitte la croupe, s'allonge et reste collé le long du corps. D'abord, je n'y prends pas garde, occupé que je suis sur le cul d'Hélène; mais bientôt l'agitation du bras attire mon attention. J'explore de nouveau les régions Cythéréennes; l'ardente Juliette, qui a glissé un doigt dans sa fente, s'offre une petite compensation. Mon premier mouvement est de déloger le doigt usurpateur, et de prendre sa place;

mais j'ai une mission à remplir, et laissant les choses en l'état, je continue mon charmant exercice. Les globes charnus, se couvrent de sillons carminés; les verges retombent avec force, le cul se tord, et bientôt se trémousse, délicieusement remué par des contractions spasmodiques, en même temps que le clitoris de Juliette pleure et palpite sous son doigt vainqueur.

Le soir venu, étant seul avec Juliette, je lui manifestai ma surprise, non de ce qui s'était passé entre elles, mais de ce que j'avais vu du cabinet; d'après les apparences, c'était Juliette qui avait été la promotrice de leurs joyeux devis. Juliette me raconta alors par le menu, comment les choses s'étaient passées, les œillades de tous les instants, les frôlements dans tous les coins, les soupirs, les gémissements, la rencontre dans le couloir, la soudaineté d'une attaque imprévue, menée si habilement et si rondement, et enfin la riposte sollicitée que j'avais vue du cabinet.

Il n'y a jamais que le premier pas qui coûte. Hélène nous aidera, maintenant qu'elle est apprivoisée, à passer une partie des vacances, en rompant par sa présence, la monotonie d'un tête-à-tête prolongé! Après les vacances nous reprendrons nos émoustillantes pratiques, sur les jolis culs de nos charmantes pensionnaires. Je dis émoustillantes ; en effet, si les verges sont un moyen officiel de correction, elles sont surtout pour ceux et celles qui les donnent, un excellent moyen d'entretenir et de réveiller leurs... esprits vitaux.

Fin des extraits des
SOUVENIRS PERSONNELS

La discipline au couvent

(Abbaye de Thétieu 1780—1788)

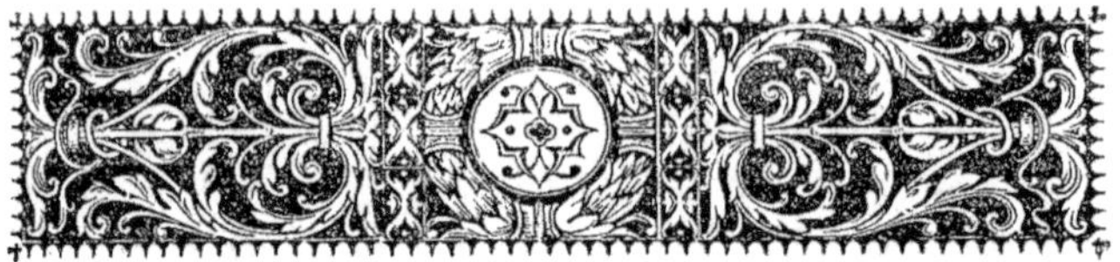

Extraits des mémoires du R. P. Chapelain
de l'abbaye de Théticu (1780—1788),
copiés textuellement sur les souvenirs
écrits de sa main, trouvés dans son
secrétaire après sa mort.

I

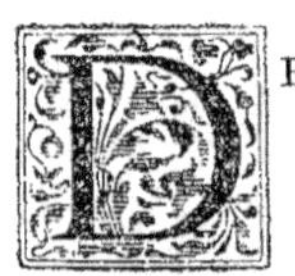Eux tendres novices embéguinées depuis six mois, sœur Véronique et sœur Gudule, la première, une mignonne blonde de dix-neuf ans, la seconde, une belle brune de vingt ans, ont fait un accroc à leur robe d'innocence. On les a trouvées la nuit dernière, toutes nues dans la même couche, occupées à égrener, sous leurs doigts agiles, le chapelet de Cythère.

Elles vont expier leur tendre péché, dans la tenue où elles l'ont commis ; elles doivent être fouettées jusqu' au sang, le châtiment ne devant prendre fin, que lorsque chaque fesse aura purgé la dette, par l'effusion de quelques larmes de sang. Pour que la correction dure plus longtemps, et que le souvenir en soit plus durable, sœur Sévère qui doit l'administrer, s'est munie, sur l'ordre de la mère abbesse, d'un martinet composé d'un manche de bois, auquel sont attachées douze lanières de cuir souples et minces, qui n'entament la peau qu'à la longue, quand elle est échauffée par une sévère fustigation. Les coupables, quand elles subissent le châtiment ensemble, restent souvent une heure sur la sellette, avant d'avoir expié leurs péchés conformément à la règle.

La jeune mère abbesse, après avoir donné ses ordres au bourreau femelle, qui les exécutera à la lettre, vient me retrouver dans la cellule qui donne, par une porte vitrée, dans l'oratoire qui sert de salle de discipline.

Dans l'oratoire, les professes réunies, sont assises dans leurs stalles. Deux d'entre elles, après avoir dépouillé les deux novices de tous leurs vêtements, aident à les installer de manière que le bourreau puisse les châtier simultanément. La brune Gudule, agenouillée sur la marche d'un prie-Dieu, est attachée par le milieu du corps, au moyen d'une courroie, et par les jambes à deux anneaux de fer, pour qu'elle ne puisse pas tenter de se dérober à la correction; on hisse la blonde Véronique à cheval sur la croupe de Gudule, attachée elle anssi, pour qu'elle ne puisse pas se défendre.

Quand les deux étages de postérieurs sont installés, les deux croupes l'une au-dessus de l'autre, immédiatement voisines, offrant une vaste surface aux caresses du martinet, les deux professes regagnent leurs stalles, et sœur Sévère prend l'instrument du supplice.

De notre cachette, la mère abbesse et moi, nous suivons attentivement les préliminaires. Les deux culs, l'un sur l'autre, tout les deux d'une vaste envergure, mais de ton différent, offrent un charmant contraste; celui de la brune novice est d'une neige éblouissante; celui de la blonde semble pétri de lis et de roses. Entre les cuisses écartées de Gudule, au milieu d'un fouillis de frisons

noirs, on distingue les lèvres vermeilles res-
serrées; sous les fesses de Véronique on aper-
soit à peine un coin de la fente, tout près
du petit trou noir, bien en évidence au bas
de la raie élargie par l'écartement des fesses.

La nonne brandit le martinet, et commence la flagellation en partie double. C'est
d'abord le blanc postérieur qu'elle vise, et
après quelques légers coups adroitement dis-
tribués sur toute la surface, elle lui a donné
la couleur rose tendre de son voisin d'en
haut, sans que Gudule ait manifesté la moindre
émotion, car ses belles fesses n'ont pas
remué. Maintenant elle va d'un derrière
à l'autre; les lanières retombent plus fort,
les fesses s'agitent, le satin rougit, et les
tendres sœurettes font entendre des gémissements plaintifs. La flagellation s'accentue,
le derrière d'en haut saute sur la croupe d'en
bas, dont les globes s'écartent, se resserrent,
se lèvent, montrant dans toute sa longueur,
la fente du centre des délices.

L'abbesse, qui a fini depuis longtemps son
examen de conscience, veut que je l'absolve
sur-le-champ. Pour que le confesseur et la
pénitente ne perdent aucun détail de la scène

qui se déroule dans la salle de discipline, je m'agenouille derrière la pénitente, et la tête sur son épaule, je me mets en devoir de la confesser, en gardant sous les yeux le spectacle salutaire de la punition des pécheresses.

Sœur Sévère cependant fouette sans rémission les deux croupes superposées, qui sont maintenant d'un beau rouge pourpre, tandis que les victimes montent là gamme des lamentations, y mêlant des sanglots étouffés. Mais le bourreau, insensible à leurs plaintes, continue sans sourciller la flagellation alternative, sur les deux étages des derrières fumants, tout en l'accompagnant d'une touchante homélie.

«Flic, flac, aimable Véronique; flic, flac, «charmante Gudule; la clémence de notre «bonne mère vous épargne les atteintes cui-«santes de la sainte verge. Flic, flac, ces «indulgentes lanières, flic, flac, sont pour «des châtiments enfantins. Flic, flac, flic, «flac, vous geignez pourtant, comme si on «vous écorchait. Que serait-ce donc si c'était «Hache-cuir, la bien nommée, qui dans deux «minutes met en compote le cul le plus dur? «Flic, flac, tendres novices, gardez donc,

«flic, flac, quelques larmes pour l'apothéose;
«flic, flac, ceci n'est que le prélude, flic,
«flac, bien indulgent, mes mignonnes. Flic,
«flac, flic, flac, tenez ceci vaut mieux je
«crois, flic, flac, flic, flac, flic, flac.»

En ce moment je donnais l'absolution à la
tendre pénitente, qui resta un moment
plongée dans une extase contemplative. Dès
qu'elle est revenue à elle, elle se rappelle
qu'elle a oublié quelques fautes graves, et
elle veut recommencer une confession incom-
plète. Je prends le temps de souffler, et après
deux minutes passées dans la contemplation
salutaire de la discipline, je suis de nouveau
disposé à remplir les douces obligations de
mon saint ministère. La pénitente, toujours
agenouillée devant moi, recommence le
confiteor.

Sœur Sévère poursuit la flagellation. sans
montrer la moindre fatigue, et reprend aussi
ses exhortations. Elle dirige de temps en
temps les coups sur les parties coupables,
atteignant facilement celles de Gudule, que
les lanières longues et flexibles enveloppent
en se repliant sur le ventre, laissant les bords
sanguinolents et enflammés, quand elle les

quitte, pour cingler la fente de Véronique, qu'elle ne peut atteindre, qu'avec les pointes, car la tendre novice reste collée sur les reins qui la supportent. «Flic, flac, punissons ce «grand coupable, dit en même temps la fouet-«teuse; flic, flac, qu'il expie ses honteuses «faiblesses, Flic, flac, flic, flac, ceci vous «cuit un peu, flic, flac, flic, flac, aie, «aie, ah! vous sentez les piqûres! Flic, flac, «flic, flac, vos tendres fesses, mes bonnes «sœurettes, rougissent de honte, flic, flac, «elles sont d'un beau vermillon. Flic, flac, «vous en aurez, mes poulettes; flic, flac, «vous en aurez jusqu'à demain. Flic, flac, «vous vous remuez, tendre Véronique, comme «si vous aviez des fourmis sous la peau; flic, «flac, vous sautez, belle Gudule, flic, flac, «vous remuez votre fardeau comme un pru-«nier. Flic, flac, flic, flac, vous vous dé-«menez comme des diablotins dans de l'eau «bénite; flic, flac, flic, flac, et vous criez, «comme un chat qu'on écorche. Flic, flac, «flic, flac, vous n'avez pourtant pas fini, «mes charmantes de vous secouer et de «hurler; flic, flac, flic, flac, flic, flac.»

La mère abbesse, toujours oublieuse de

quelque faute, recommençait une troisième
confession, qui menaçait d'être plus longue
que les autres, car le confesseur pour la
mener à bien, obligé de prendre des détours,
poussait fort loin ses investigations dans la
conscience de sa pénitente, qui se laissait
fouiller jusqu'aux replis les plus intimes.

Sœur Sévère, redoublant de fureur, cinglait
rageusement les deux derrières cramoisis,
alternant les coups, fouaillant les chairs palpitantes, qui tremblaient de douleur et d'ef-
froi. Les deux mappemondes fumantes,
luisant comme des tisons incandescents, semblaient devoir éclater à chaque instant. La
flagellation dura encore un quart d'heure administrée avec la plus grande sévérité ; la peau
se soulevait en cloques livides. Sœur Sévère
se taisait, les deux novices hurlaient à
l'unisson, leurs culs meurtris bondissaient
d'une façon désordonnée. Enfin, à un coup
appliqué avec rage, la fesse gauche de Véronique se teint de sang ; les lanières retombent avec fureur sur la fesse droite de Gudule,
entamant les chairs ; le troisième coup fend
la peau de la fesse gauche, et le dernier
coup, appliqué avec un han furieux, que

pousse le bourreau, déchire la fesse droite de Véronique d'une ligne sanglante, au milieu des hurlements déchirants des deux patientes.

En ce moment l'abbesse enfin purifiée de toutes ses fautes recevait l'absolution pour la troisième fois. On ne confesse jamais aussi volontiers, ni aussi longtemps, que lorsque l'on a sous les yeux le spectacle édifiant de la rémission des péchés par la discipline.

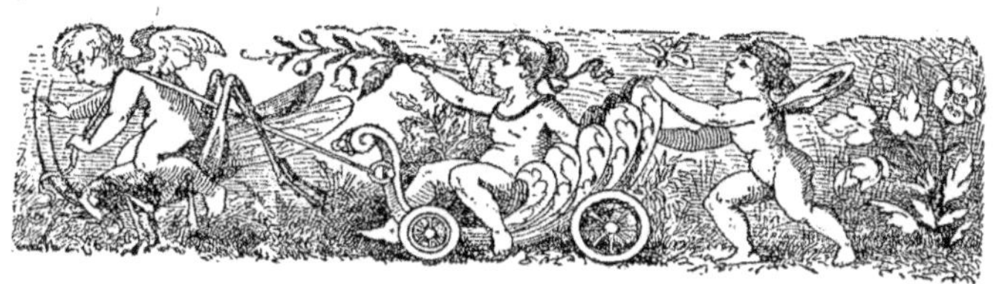

II

N va fouetter sœur Rodogune,
une superbe professe de trente
ans, plantureuse brune, aux rondeurs opulentes. Elle brûla un
encens impur au... nez de l'adorable Cunégonde,
jeune novice de dix-sept ans, tendre pucelle
blonde et rose, qui est bien le plus délicieux tendron de ce moûtier. Sœur Rodogune a transgressé la règle du couvent, qui
veut que les professes récitent entre elles
leur... psautier, les novices n'étant admises
à y lire qu'après leurs vœux prononcés.
Toute professe qui aura violé la règle, recevra,
en présence du chapitre assemblé, sous la
présidence du Révérend Père chapelain, un
châtiment exemplaire, dont le souvenir doit

rester longtemps gravé sur la partie qui l'aura reçu, pour préserver la coupable d'une nouvelle tentation, et prévenir une rechute. La novice, coupable de ne pas avoir résisté à la tentation, recevra à son tour vingt coups de fouet administrés par le R. P. chapelain.

Les vingt professes, qui forment le chapitre de la communauté, sont réunies dans l'oratoire, pour venger l'outrage fait à leurs charmes. La règle porte en effet, que chaque nonne offensée contribuera au châtiment, sans préjudice du privilège de sœur Sévère, de remplir ensuite jusqu'au bout, son office de bourreau attitré.

On introduit la jeune novice, qui doit inaugurer le châtiment sur le derrière nu de sa séductrice, et assister, en attendant son tour à la punition rigoureuse, dont la vue sera pour elle une leçon salutaire.

Deux vigoureuses professes s'emparent de sœur Rodogune, lui enlèvent son béguin, sa robe de bure, sa jupe de futaine, sans que la coupable tente la moindre résistance, qu'elle sait inutile, et qui n'aurait d'ailleurs pour résultat, que de faire doubler la dose. Quand elle n'a plus que sa chemise, ses opulentes saillies repoussent la fine toile, gonflant le haut par devant, et exhibant, sous la cambrure des reins, de splendides reliefs bombés, qui promettent un superbe reposoir. On lui retire enfin son dernier voile, et quand elle est toute nue, on la laisse un moment debout, pendant qu'elle doit demander à l'assemblée, qu'on veuille bien l'aider à expier sa faute, en la fouettant jusqu'au sang, ce qu'elle fait suivant la formule consacrée.

Je ne me lasse pas d'admirer, sur ce superbe corps aux plantureux appas, deux gros tétons ronds et fermes, d'une blancheur de lis, étoiles au milieu de deux roses rouges épanouies, au bas du ventre, une fourrure noire comme l'aile du corbeau, s'étend du nombril à la grotte d'amour, qu'elle dérobe à nos yeux.

Quand la nonne a terminé sa supplique, on la conduit vers un pilier, qui est au milieu de l'oratoire; on lui attache les mains à un crochet fixé au pilier, un peu haut, de façon à lui faire tenir le corps allongé, les pieds reposant à terre, attachés très écartés à des chevilles fichées dans le parquet, exhibant ainsi ses magnifiques fesses, énormes, du plus blanc satin, pleines et rondes, veloutées comme la peau d'une pêche mûre; la peau est tellement tendre, qu'on la ferait éclater d'un coup d'ongle.

Quel beau sujet pour la verge, et quel régal pour moi après le châtiment! Car la règle ordonne que la professe qu'on passe par les verges, reçoive, après la punition, les pieuses consolations du R. P., qui doit entendre en secret la confession de son péché et l'absoudre ensuite; et je sais bien où la belle nonne Callipyge recevra l'absolution. La splendeur du monument que je soupçonnais, mais que je ne connaissais pas, absorbé que je suis par les soins pieux que réclament quotidiennement la belle mère abbesse, et de temps à autre quelque favorite volontaire, ou quelque fustigée d'obligation, la chute admirable de ces beaux reins satinés, les cuisses blanches et charnues, la fente vermeille, presque entièrement cachée par les touffes épaisses des mèches noires qui voltigent autour, arrêtent un moment mes yeux; ils reviennent fascinés sur la belle mappemonde épanouie, d'une carnation éblouissante, appétissante, qui tente la dent et la lèvre, et

7

dont je ne puis détacher mes regards. Dé-
cidément c’est bien là que je lui donnerai
l’absolution.

On donne à la tendre Cunégonde un faisceau de longues verges nouées aux extrémités,
fraîchement coupées à un des bouleaux qui
pullulent dans les jardins du moûtier. A mon
signal, la novice commence à fustiger le gros
derrière. A peine on entend le bruit des
verges tombant sur la peau, car le tendron
ménage le blanc satin, qui a pris à peine
une teinte rose, après une douzaine de coups,
et quand Cunégonde a achevé la vingtaine,
rien ne remue, le cul fustigé reste impassible,
et la nonne semble se complaire à cette indulgente correction.

Mais ce fut bien une autre affaire, quand
chaque professe, prenant les verges à son
tour, vint saluer la mappemonde. La première qui lui dit bonjour, fut sœur Pancrace;
deux fois l’instrument retomba, furieusement
manié, sculptant sur chaque globe un long
sillon d’un rouge vif, qui fit bondir le gros
derrière de la patiente, qui changeant d’antienne poussa deux cris perçants. Sœur Hélène prend les verges, et fort adroitement

les laisse retomber sur les sillons déjà tracés, qui de roses deviennent violets, et dont la cuisson fait hurler la fustigée. C'est le tour de sœur Pélagie qui cingle les tendres cuisses à tour de bras, soulevant des cloques sur la peau. Sœur Gertrude dirige les pointes entre les cuisses, et détache sur les lèvres vermeilles de la grotte, deux coups cinglants qui font rugir sœur Rodogune; son gros postérieur bondit, se tord, les lèvres du divin séjour s'écartent sanguinolentes, laissant voir sur le bord le petit prisonnier. Sœur Agnès, qui vient ensuite, cingle brutalement le pauvret qu'elle oblige à rentrer tout meurtri dans son écrin, sœur Lucile choisit un globe, y trace un sillon, qu'elle élargit en y cinglant le second coup. Sœur Monique, par esprit d'imitation, en fait autant sur l'autre fesse. Puis chaque nonne vient à la file venger son injure, par les deux coups de verges que la règle lui accorde, regrettant, on le devine à la fureur qui dirige leur bras sévère, de n'avoir pas le droit de tripler la dose, affamées qu'elles sont de vengeance.

Enfin voici la mère abbesse, qui par quatre fois, comme c'est son droit, cingle la raie entre les fesses, avec la plus grande sévérité, arrachant un quadruple cri de douleur à la victime, dont le derrière se trémousse en bonds désordonnés.

C'est enfin sœur Sévère, qui s'avance la main levée, pour hacher à son tour les globes déjà meurtris, tout en sermonnant la péni-tente, comme le veut la règle, et en se livrant à une libre improvisation.

«Pardonnez-moi, aimable Rodogune, si je «viens, moi aussi, meurtrir vos grosses fesses. «Pan, pan, pourquoi faut-il, ô cruelle infor-«tune, abîmer ce chef-d'œuvre du créateur, «gâter ces fières beautés consacrées au seigneur, «et si bien faites pour attendrir un cœur de «roche? Clic, clac, que votre bonne âme «me pardonne, tendre nonnain, notre règle l'ordonne, clic, clac, je ne saurais désobéir. «Clic, clac, clic, clac, vous savez bien «d'ailleurs, ma chère sœur, qu'il vaut mieux «expier nos péchés ici-bas, que dans l'autre «monde. Clic, clac, clic, clac. Dieu a fait, «ô sainte ouaille, vos énormes hémisphères «larges, opulents, gros et gras, pour mieux «recevoir la discipline. Clic, clac, clic, clac, «votre immense reposoir sera sans doute un

«peu long à couvrir en entier, clic, clac,
«clic, clac, mais nous saurons bien l'at-
«teindre sur toute sa surface, et le hacher
«dans tous les coins, sans oublier les plus
«secrets, qui furent aussi les plus coupa-
«bles. Clic, clac, ne geignez donc pas,
«ma bonne sœur; clic, clac, clic, clac, sup-
«portez mieux votre infortune, clic, clac, ac-
«ceptez-la de bonne grâce, clic, clac, offrez-la
«au seigneur pour la rémission de vos péchés.
«Clic, clac, clic, clac, ah! vous vous dé-
«battez comme une possédée, tendre Rodo-
«gune; clic, clac, et vous criez, vous poussez
«des soupirs à fendre l'âme. Nous allons
«donc, ma pauvre sœur, achever cet exer-
«cice en silence, et vous laisser gémir tout
«à votre aise. Seulement c'est, comme vous
«le savez, Hache-cuir qui est chargée de la
«péroraison —.

«Oh! non, non pas Hache-cuir, c'est
«trop terrible, supplie sœur Rodogune —.»

Sœur Sévère, sourde aux supplications de
la victime, jette les tronçons de la verge
usée, et s'empare de la terrible cravache,
qu'elle a baptisée fort justement Hache-cuir,
et qui est vraiment entre ses mains un in-

strument de torture redoutable. La cravache
fend l'air et s'abat en sifflant sur les chairs
tremblantes, qu'elle déchire, arrachant un
hurlement de douleur à la nonnain; l'instrument se relève et s'abaisse de nouveau, recommençant encore, toujours fendant l'air avec
l'horrible sifflement précurseur d'une mordante
caresse. Sœur Sévère cingle le cul en travers,
en long, dans la raie, sur la grotte, hachant
le fouillis de poils noirs, qui en masque
l'entrée, atteignant parfois le bouton sur le
bord de la fente, ce qui fait bondir et hurler
la fustigée. Hache-cuir retombe sans cesse,
inexorable, froissant la peau, où l'on ne
voit plus la plus petite ligne blanche. L'énorme
derrière s'agite, bondit, s'affaisse, se tord,
saignant sous les cruelles morsures du terrible instrument. La nonne crie affreusement,
mais le bourreau, qui ne s'émeut guère, poursuit impassible sa cruelle correction, elle cingle
avec rage les gros hémisphères, en zig-zag,
en travers, fendillant les chairs dans tous
les sens.

Sœur Rodogune vocifère, on n'entend qu'un
hurlement continu, sœur Sévère redouble.
Bientôt cependant, le gros cul se trémousse

convulsivement, les fesses s'écartent et se referment, la fente qui bâille grande ouverte, exhibant le bouton vermeil, qui s'avance sur le bord entre les lèvres, qui obéissent aux mouvements des fesses, réglé par les coups qui les mettent en pièces; car maintenant l'impitoyable bourreau, dont l'œil lance des flammes, se livre à un vrai carnage; chaque coup déchire les chairs, le sang jaillit et coule sur les cuisses. A cette vue, sœur Sévère émue, dont l'office est terminé, tourne ses yeux vers le ciel, perd ses sens, et s'affaisse payant son tribut à l'humaine faiblesse. La victime, qui s'est tue, serre les fesses, se frotte lascivement les cuisses, et malgré l'enfer qui l'arde au dehors, elle a le paradis au dedans, car elle reste plongée dans une divine extase...

La tendre Cunégonde, qui attend son tour, épouvantée par la rigueur du châtiment qu'on vient d'infliger sous ses yeux à sa complice, tremble de tous ses membres, quand on vient la prendre pour la mettre en tenue de discipline. Malgré l'envie démesurée que j'ai de voir tout nu le joli corps de la tendre pucelle, je suis trop pressé de donner l'absolution au gros postérieur qu'on vient de châtier pendant qu'il est brûlant, pour m'amuser à des bagatelles, et j'ordonne qu'on agenouille la douce coupable sur le coussin de velours d'un prie-Dieu, où je la fouetterai les vêtements retroussés.

Sœur Monique lui tient la tête penchée en avant, deux professes lui relèvent sa robe de laine blanche, et tous les dessous, bien haut sur les reins, et comme la règle défend le pantalon, adopté depuis quelque temps par les dames de la cour, la jolie novice présente ainsi tout nu, son beau postérieur blanc et doré, magnifiquement développé, et tel que je ne l'aurais pas soupçonné sous la bure.

Avant d'inaugurer l'application des verges, sous prétexte de pincer les chaîrs coupables, je palpe avec délice les contours fermes et ronds, d'un satin plus doux que velours au toucher. Je m'éloigne un peu du bel objet, et comme on lui tient les jambes écartées, j'aperçois en entier ses charmes secrets, que quelques poils follets d'une petite toison naissante ne réussissent à masquer qu'imparfaitement, et je puis admirer à loisir la petite fente virginale étroitement barrée. La découverte de ce beau postérieur, m'engage à changer mes dispositions.

Je m'avance vers le derrière coupable, et après lui avoir appliqué, en manière d'exorde, une douzaine de claques sonores, qui font sauter et rougir l'aimable fessier, je prends une verge neuve, et je commence à cingler la mappemonde, m'arrangeant à faire plus de bruit que de mal, changeant les lis en roses; je dirige les pointes vers le centre des délices, quatre ou cinq légères atteintes émeuvent la grotte, et l'obligent à s'entr'ouvrir un peu. Il me restait dix coups de verges à appliquer; je décide que la coupable les recevra toute nue.

La tendre novice, bientôt dépouillée de tous ses vêtements, s'offre à nos yeux toute nue, rouge de honte, avec son délicieux corps de vierge blonde, grassouillette, dodue, aimablement potelée; deux petits seins ronds et menus, de quoi remplir la main, dansent sur la gorge agitée par la crainte et l'émotion, et bercent deux petits boutons de rose; une petite fourrure dorée, au poil naissant, met une petite tache blonde au fond d'un ventre poli et blanc. On la retourne, et avant qu'elle s'agenouille sur le coussin, elle doit faire quelques pas pour arriver au prie-Dieu, nous laissant admirer un dos admirable d'un blanc de neige, et au bas des reins, un superbe cul rose des caresses qu'il vient de recevoir, qui se dandine dans un gracieux déhanchement pendant qu'elle s'achemine vers le prie-Dieu.

Dès qu'elle est agenoulliée, je reprends la verge, et j'applique lentement les dix derniers coups, les huit premiers peu sévèrement, rosant à peine le satin, les deux derniers de toute la force de mon bras, découpant sur la peau deux sillons sanglants, dont la cuisante morsure arrache des hurlements à la tendre Cunégonde, qui sans doute jusqu'à ce moment, se moquait de ma mansuétude.

Je condamne ensuite la tendre novice, qui geint toujours, à garder cette posture pendant une heure, buvant sa honte devant le chapître en prières.

La règle ne me permettant pas de confesser une novice en particulier, j'entraîne la plantureuse Rodogune dans la cellule d'en face, d'où, grâce à la porte vitrée, j'ai sous les yeux le ravissant tableau du joli cul meurtri de la gente novice, en même temps que je con-

fesse la chaude pénitente, et que je lui
donne l'absolution dans son opulente mappemonde, un peu endommagée, mais toujours brûlante.

Le secret de la confession m'arrête ici.

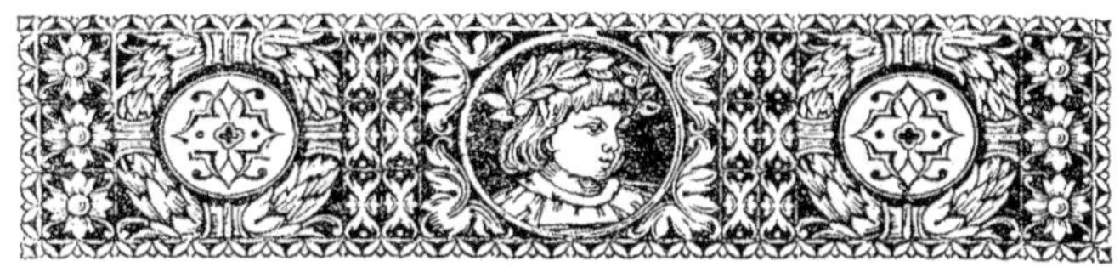

III

ÉLÈNE de Belvélize est condamnée
à recevoir la discipline. Cinquante
coups de martinet vont lui faire
expier un gros péché de curiosité.
Elle s'est glissée dans la cellule de sa tante,
madame de Belvélize, la jeune prieure du
moûtier, pour épier ses faits et gestes; on
l'a trouvée blottie derrière les rideaux. Les
conséquences de sa malsaine curiosité auraient
pu être les plus fâcheuses du monde, les jeunes
filles ne devant pas être initiées à tous les
mystères que voient les cellules des professes;
on l'a fort heureusement découverte à temps.

La coupable est introduite dans l'oratoire;
elle entre les yeux modestement baissés,
s'arrête au milieu de la salle, et attend qu'on

la prépare pour la discipline. C'est une mignonne petite blonde potelée, qui a eu dix-sept ans aux dernières cerises ; toute ronde, replète, bien garnie partout. Une belle chevelure blonde encadre son front virginal, tordue ordinairement en deux longues tresses, dont les pointes nouées d'une faveur bleue, lui battent les cuisses; aujourd'hui les tresses sont défaites, et les cheveux épars sur les épaules, tombent dans le dos. Deux grands yeux bleus limpides et languissants, fendus comme une longue amande, sont ombragés par des franges dorées de cils longs et soyeux, surmontés d'épais sourcils plus foncés, qui se rejoignent au-dessus d'un nez pur et délicat, dont les ailes transparentes palpitent, au-dessus d'une toute petite bouche, fendue dans une cerise.

Deux professes suffisent pour la dépouiller, car la tendre pucelle ne fait pas l'ombre d'une résistance; et elle reste bientôt avec ses chaussures et sa chemise, dont l'entre-bâillement laisse voir la naissance d'une gorge d'albâtre. La mère abbesse lui ordonne d'enlever sa chemise. La neige de ses joues pleines et rondes, qui étaient devenues roses pendant

qu'on la déshabillait, devient du plus bel
incarnat ; ses petites oreilles s'empourprent
de honte, et la prieure doit lui répéter son
ordre. La mignonne lève ses beaux bras nus
qui sortent de la chemise sans manches, dénoue les cordons en tremblant, arrondit ses
épaules ; le voile glisse, s'accroche au bout
des seins, glisse encore, s'arrête à la saillie
des hanches, découvrant en entier la plus
jolie gorge de vierge qu'on puisse rêver ;
deux petites pommes de neige, bombées,
s'éloignent l'une de l'autre, dressant leurs
petites pointes roses ; entre les deux mamelons,
le creux qui les sépare, semble un petit val
taillé dans l'albâtre. La chemise franchit les
hanches, et glisse jusqu'au fond, s'enroulant
autour des pieds, comme un grand lévrier
blanc, qui se couche en rond aux pieds de sa
maîtresse, la laissant toute nue, frissonnante,
avec sa chair blanche et rose, la peau tendue
sur les chairs pleines, veloutée comme une
pêche mûre ; sur un ventre poli comme l'agate,
s'étale dans le bas, une belle toison dorée
comme ses cheveux, haute d'un empan, qui
s'arrête aux bords de la fente, dont on aperçoit les bords vermeils ; tout cela est sur

deux cuisses rondes et dodues, piliers char-
mants du secret paradis, grosses d'en haut,
s'amincissant en descendant, continuées par
deux jambes faites au tour, enfermées
dans des bas de soie rose, terminées par
des petits pieds d'enfant. Le chapitre entier
est en contemplation devant ce chef-d'œuvre
accompli.

J'aurais volontiers fait grâce à la charmante
fille; mais la pitié qui est dans mon cœur,
n'est guère dans celui des nonnes qui m'entourent, non plus que dans celui de son inflexible tante, et leur admiration est loin
d'être exempte de jalousie. Après tout, cinquante coups de martinet, s'ils ne sont pas
très rigoureusement appliqués, n'endommagent
pas trop la peau, et la souffrance est assez
vite passée; puis je dois et je veux bien confesser la mère abbesse, et le spectacle qui
se prépare est un puissant auxiliaire.

Sœur Sévère, qui a la recommandation
d'aller lentement, pour faire durer notre sa-
tisfaction et la honte de la coupable, retourne
la belle créature, et la conduit vers le prie-
Dieu. Mon admiration redouble, à la vue
de ce ravissant tableau. La magnifique che-

velure blonde, éparse sur les épaules, habille la belle fille d'un manteau royal de franges d'or, couvrant les reins, la croupe et une partie des cuisses ; à peine on voit dans l'intervalle, entre la pointe des cheveux et l'attache du bas sur le genou, un coin de chair blanche et rose.

Quand la mignonne s'agenouille devant le prie-Dieu, la chevelure se sépare, flottant à droite et à gauche, découvrant une partie des magnifiques globes roses et blancs, serrés par la peur, et formant un creux au-dessous des fesses bombées, sous lesquelles on aperçoit la fente, complètement barrée par deux lèvres vermeilles. Sœur Sévère, pour ne pas abîmer les beaux cheveux d'or, et pour fouetter la coupable plus à l'aise, rejette les cheveux par devant de chaque côté des épaules, découvrant ainsi ce beau corps dans sa splendide nudité. Je ne pouvais m'arracher à ce ravissant spectacle ; mais la prieure, après avoir recommandé sa nièce aux bons soins de la sœur fouetteuse, m'entraînait dans la cellule, où je dus la suivre.

Je me dispose à confesser la pénitente, et à l'absoudre sans de longs préambules, et je m'arrange de façon à ne rien perdre de l'aimable tableau qui est sous nos yeux. Sœr Sévère attache la patiente au prie-Dieu au moyen d'une courroie qui la prend sous les aiselles, et commence aussitôt son office de bourreau. Aux premiers coups, peu sévères cependant, les globes prennent une teinte rosée; ils s'écartent, se referment, comme s'ils ressentaient vivement les atteintes; les lanières s'enroulent autour des fesses, comme des serpents.

«Flic, flac, mignonne, la curiosité est »un vilain défaut; flic, flac, ma chère enfant, «ce vice perdit Eve, notre mère. Flic, flac «flic, flac, Dieu, qui n'aime pas les curieuses, «vous punit par ma main; flic, flac, flic, «flac, mais le châtiment est bien léger pour «la gravité de la faute; flic, flac, et cepen-«dant vous vous lamentez, flic, flac, comme «si le feu ardait vos chairs, flic, flac, comme «si vous aviez l'enfer dans votre postérieur, «mignonne».

La nonne dirige maintenant les lanières entre les cuisses, cinglant les charmes secrets, avec une lenteur calculée, d'abord modérément, puis plus fort, obligeant la tendre

victime à se tordre, offrant à découvert
la jolie fente aux lèvres roses, bâillant à
peine, un peu meurtries par les cruelles
accolades; puis reprenant la direction des
fesses, les lanières retombent avec force,
faisant bondir la croupe, qui se démène plaisamment, tandis qu'Hélène pousse des cris
déchirants.

Emoustillés par le ravissant tableau des
torsions de la belle croupe qui contraste
par le ton cramoisi que lui ont donné
les lanières, avec la neige des reins et des
cuisses, formant une pleine lune rouge, dans
un ciel d'argent, nous recommencions une
troisième confession dans la cellule, lorsque
sœur Sévère n'était qu'à la moitié de son
exercice. Elle continue à appliquer la discipline très sévèrement, cinglant la mappemonde de coups furieux, qui s'impriment en
sillons rouges et profonds, en travers des
globes charnus, soulevant la peau, et arrachant des gémissements lamentables à la
pauvre victime.

«Nous approchons de la fin, ma chère fille;
«flic, flac, la correction doit aller en pro-
«gressant; flic, flac, elle doit se terminer

«par une apothéose; flic, flac, la voici, ma
«chérie —».

La nonne, à ces mots, dirige de nouveau
les lanières sur les charmes secrets; quelques
coups appliqués avec force, font d'abord
hurler et bondir la patiente, qui se tait bientôt,
et se met à se remuer, écartant les fesses,
comme si elle éprouvait une sensation plutôt
agréable que douloureuse. Cette sensation
ne dura guère, non plus que le silence, car
sœur Sévère retournant bien vite au postérieur meurtri, applique avec une extrême sévérité, secouant tous ses appas dans l'élan
qu'elle prend, les derniers coups, qui meur-
trissent la chair mise à vif, faisant chaque
fois jaillir le sang sur la peau à demi tannée,
et arrachant des hurlements de douleur à
la tendre victime, que le bourreau laisse
ensuite exposée dans la même posture, exhibant son pauvre postérieur couvert de rubis,
lui laissant boire sa honte pendant quelques
minutes.

La mère abbesse retrouvait pour la quatrième fois des péchés à accuser, et à se
faire pardonner, et son confesseur assez
d'énergie pour l'entendre et pour l'absoudre,

puisant tous les deux d'énergiques inspira-
tions dans la contemplation du ravissant
tableau, qu'offre la jolie mappemonde, un
peu abîmée, et toujours secouée, par les
sanglots qui agitent tout le corps.

IV

LA belle Yolande de Beaupertuis, dans un mouvement de colère, a battu une de ses compagnes, et labouré de ses ongles roses, la figure de la douce sœur Monique, qui essayait de les séparer. Le martinet va la punir de ses violences, et essayer de la guérir de l'envie de recommencer.

Yolande est une superbe fille, à qui on donnerait plutôt dix-huit ans que seize. Sous une opulente chevelure noire, un teint mat de la blancheur des lis, fait ressortir ses épais sourcils d'ébène, et les longs cils soyeux, qui descendent sur deux grands yeux noirs veloutés mais hautains, dont l'éclat n'est pas fait pour atténuer l'orgueil qu'elle porte dans ses traits. Une petite bouche aux lèvres rouges, sensuelles, complète cette belle figure de Diane chasseresse. Monsieur le marquis son père, qui connaît l'indomptable caractère de son héritière, nous a recommandé en nous la confiant, de le lui assouplir, par tous les moyens ordinaires et extraordinaires. Le costume de satin bleu broché qu'elle porte, venu de chez les plus habiles habilleuses de la ville prochaine, moule les formes de la belle jeune fille, et fait ressortir tous ses avantages physiques. Le corsage bombé promet une gorge développée ; la saillie des hanches est remarquable, et le rebondissement du bas des reins, forme un contour d'un relief superbe.

La mère abbesse, qui veut inaugurer le châtiment sur le derrière de la coupable, renvoie la confession à plus tard. Je ne suis pas fâché de mon côté de rester dans l'oratoire, pour contempler de près les charmes virginaux de la ravissante coupable. Deux professes s'emparent de la fière demoiselle, pour lui retirer ses vêtements. Avec une énergie et une vigueur qu'on n'aurait pas soupçonnées dans une fille de cet âge, elle résiste à tous leurs efforts, les écartant brusquement avec ses coudes ; superbe dans son indignation. Mais ce que quatre bras n'ont pu faire, douze bras le pourront facilement ; il ne fallut pas moins de six professes pour la maintenir, pendant qu'on la déshabillait. Bientôt son corsage est retiré, sa jupe et ses jupons enlevés, et on laisse la hautaine jeune fille, rouge de honte et de colère, en chemise, chaussée de bas de soie grise, et de petits souliers à la poulaine.

La mère abbesse lui commande de retirer sa chemise ; elle ne bouge pas ; on la menace de doubler la dose, la fière fille sourit dédaigneusement, accentuant son air hautain. La prieure ordonne alors qu'on lui arrache son dernier voile, et la condamne à recevoir pour son insubordination, cinquante coups de martinet de plus, ce qui portera la dose à cent, afin que le châtiment soit pour l'orgueilleuse fille une leçon mémorable.

On lui arrache la chemise, la mettant toute nue, ne lui laissant que les bas attachés sur le genou, et ses petites souliers. Elle reste seule un moment, nous faisant face, mon-

trant sa beauté marmoréenne, son beau corps
d'un blanc d'ivoire, d'un satin étincelant,
étalant une gorge du marbre le plus pur,
ronde, ferme, avec deux petits boutons de
roses, qui se dressent fièrement, avec une
pointe d'orgueil, et au bas du ventre, une
toison naissante, au poil un peu ras mais
fourni et d'un noir de jais; ce buste merveilleux est soutenu par deux cuisses rondes
et potelées, qui vont en entonnoir jusqu'
aux genoux; ses deux bras ronds et fermes se
croisent sur sa poitrine, rehaussant sa gorge,
et elle semble nous narguer de ses yeux brillants et fiers.

Soudain ses joues s'empourprent, ses narines se gonflent, un tremblement agite tout
son corps ému, quand elle voit la mère abbesse s'avancer armée de l'instrument du
supplice. Mais il ne fallait pas songer à lui
infliger la discipline ainsi, en lui laissant la
liberté des mouvements. Quatre professes
s'emparent de la révoltée, et l'attachent par
les poignets à deux anneaux scellés au mur,
les jambes libres, les pieds affleurant le sol,
de sorte qu'elle est presque suspendue entre
ciel et terre; elle exhibe l'ampleur de son

superbe derrière, d'un satin éblouissant de blancheur, qui offre au bas des reins un vaste champ d'opération au martinet.

L'abbesse, que j'accompagne, s'avance vers la belle croupe, et vient la fustiger sévèrement sans préambule. Les lanières s'envolent et retombent vigoureusement maniées, froissant et rougissant le blanc satin. Elle applique ainsi vingt coups de fouet très sévères, sans que la fière Yolande manifeste la moindre émotion.

La prieur fatiguée me passe l'instrument, que je manie aussitôt avec une extrême rigueur ; j'applique dix coups, qui résonnent sur la peau tendue comme sur du bois, sans qu'on entende une plainte, et sans que le derrière fasse un mouvement, bien que la surface soit toute rouge. J'applique le onzième entre les fesses, cinglant la raie, j'obtiens un léger frémissement ; je recommence, les fesses s'écartent brusquement, trois, quatre, cinq fois, ce cul s'agite inquiet, mais la hautaine jeune fille se tait toujours. Je reprends à travers les fesses, mesurant les coups, les espaçant, cinglant deux fois le même sillon, les lanières retombent avec une telle force, qu’elles s’enfoncent dans les chairs, et soulèvent des cloques sur la peau, au vingtième coup, elle poussait un cri, au vingt-cinquième, elle hurlait, au trentième, elle demandait grâce, en sanglotant.

On lui avait promis double dose, la centaine, pour la punir de ses orgueilleuses bravades, on allait lui tenir parole la centaine elle aurait, après une pose pour la laisser s’humilier ; car réduite par la torture qu’elle endure, elle supplie avec des larmes dans la voix, qu’on la délivre, demandant humblement pardon, et promettant de ne plus recommencer. Quand la pose est terminée ; on lui annonce, que comme elle n’a reçu que la moitié de ce qui lui revient, on va lui servir le reste.

La mère abbesse m’avait entraîné dans la cellule, où je dois l’entendre en confession. Le petit exercice auquel nous venons de nous livrer, nous avait si bien prédisposés elle et moi, que sœur Sévère n’avait pas appliqué dix fois la discipline, quand je donnai une première absolution à la chaude pénitente, qui, cette fois encore, ayant oublié quelques péchés, prétend reprendre sur-le-champ la

confession, que je n'hésite pas un moment
à recommencer, tandis qu'en face de nous,
dans l'oratoire, sœur Sévère poursuit le châtiment en exhortant la patiente :

«Flic, flac; eh! bien fière damoiselle, flic,
«flac, que dites-vous de notre méthode, flic,
«flac, pour rabaisser l'orgueil, flic, flac, pour
«inspirer de l'humilité, superbe Yolande?
«Flic, flac, vous connaissez les préceptes
«sacrés, hautaine jeune fille, flic, flac, les
«superbes seront humiliés, flic, flac, les
«humbles seront élevés. Vous implorez en
«vain votre grâce; il est trop tard, ma chère
«fille, pour obtenir votre pardon. Flic, flac,
«ce sont ces lanières qui vous inspirent cette
«humilité, flic, flac, qui vous font gémir,
«flic, flac, qui vous font hurler, et pourtant
«c'est pain bénit que ceci, mon cœur; ces
«lanières sont d'une indulgence ridicule; à la
«prochaine incartade, ma toute belle, ce
«sera Hache-cuir, flic, flac, vous savez bien,
«Hache-cuir, qui vous hachera, mignonne,
«votre postérieur, comme chair à pâté. Flic,
«flac, tiens du sang! Votre orgueil, superbe
«damoiselle, doit être satisfait; vous aimez
«les bijoux; flic, flac, en voici; flic, flac,

«voilà des rubis, flic, flac, en voilà encore;
«flic, flac, voici des perles mignonnes; en voici
«encore, en voilà toujours. Je voudrais vous
«en couvrir, belle damoiselle, de la tête aux
«pieds —».

Pour terminer la danse, sœur Sévère se
met à la cingler entre les épaules, sur les
reins, au-dessus des hanches, sur la croupe,
et tout le long des cuisses, puis appliquant
les cinq derniers coups entre les fesses, elle
cingle furieusement la raie, la grotte et la
toison, enveloppant tout à la fois, dans les
longues et souples lanières, qui s'enroulent
tout autour. Yolande, qui s'était apaisée un
moment (nous en vîmes la cause, entre ses
cuisses, quand on la rhabilla), se reprit à
hurler de plus belle, sous cette avalanche
de cuisantes morsures.

La mère abbesse avait si bien intercédé
auprès de son confesseur, qu'elle recevait
en ce moment, l'absolution pour la troisième
fois.

Ces deux pièces de vers, chef-d'œuvre
du genre, sont extraites des Souvenirs
rimés de l'aumônier du couvent des Lo-
rettes de L. vers 1830.

La Discipline au couvent (1830).

(Deux pièces rimées.)

LA DISCIPLINE AU COUVENT (1830).

I

ANS l'oratoire on vient de traîner
(Lise,
Beau tendron de quinze ans, que
(le fouet va punir
D'un gros péché de gourmandise
Deux nonnains s'en viennent tenir
La belle fille qui résiste,
Tandis que sœur Agnès, qu'assiste,
La plantureuse sœur Tourment,
La trousse pour le châtiment.

En vains efforts la coupable s'épuise,
Cherchant à fuir d'entre les mains
Des deux inflexibles nonnains,
Qui sur le dos épinglent la chemise,
Et rabattant le pantalon,
Le font glisser jusqu'au talon,
Mettant à nu la belle mappemonde,
Blanche, opulente, ferme et ronde;
Puis à cheval on vous la met
Sur les gros reins de sœur Pancrace;
Le cul s'élargit, gras, replet,
Offrant une large surface
Aux caresses du martinet.

Je viens aussitôt prendre place
Dans le fauteuil du président,
Ayant le goupe bien en face,
Pour ne pas perdre un coup de dent.
Dans ses deux mains maintenant la coupable,
Sœur Pancrace lui tord les bras;
Deux sœurs la tiennent par en bas;
Le spectacle est vraiment aimable:
En s'écartant, les fesses laissent voir
Tout au bas de la raie, un tout petit point noir,
Bijou discret qui cherche le mystère;
Plus bas la grotte de Cythère,

Que sous un fin duvet naissant
Qui grimpe sur l'autre versant,
Barrent, comme deux portes closes,
Deux lèvres vermeilles et roses.

Déjà sœur Tourment s'avançant,
Le bras levé, menaçante, terrible,
Attend mon signal, pour cingler
Le beau cul qu'elle va cribler
Avec un plaisir indicible.
Le seul aspect d'un beau cul blanc
Porte le trouble dans son âme;
Et la moindre goutte de sang,
Sur un satin étincelant,
Allume dans ses sens une brûlante flamme;
Et quand prend fin le châtiment,
On devine que sœur Tourment,
Qui pâlit, se trouble et frissonne,
A de doux transports s'abandonne.
Plus d'une fois ayant fouillé
Les appas secrets de la nonne,
Qui venait de fouetter quelque gente friponne,
J'ai retiré mon doigt mouillé
Avant d'y glisser ma colonne.

Tout étant prêt: «Allez, dis-je, ma sœur.»

Aussitôt au bas de l'échine,
Faiblement d'abord, en douceur,
Elle applique la discipline ;
Puis en travers des coups plus forts
Viennent roser les deux blancs contre-forts,
Qui s'entrouvent sous les atteintes,
Se refermant tout aussitôt,
Pour se rouvrir bientôt.
La mignonne étouffe des plaintes,
Mais bientôt la cuisson
Pique vivement la fillette ;
Sur le cul court un long frisson ;
Et la fente qui s'inquiète,
Suivant le jeu des fesses que l'on fouette,
Ouvre et referme plaisamment
Deux lèvres roses, qui découvrent,
Chaque fois que les bords s'entr'ouvrent,
Dans un aimable écartement,
Un spectacle vraiment charmant.
Tel qu'un petit bouton de rose,
Le clitoris au museau rose,
Se montre effaré sur le bord,
Se cache, reparaît encor,
Tandis que le tendron qu'on fesse
Sous les coups redoublés se tord,
Pleurant, criant, demandant que l'on cesse ;

Mais sœur Tourment, le visage empourpré,
L'œil plein de feu, brillant, presque égaré,
Ne paraît pas près de lui faire grâce;
    Dans son ardeur que rien ne lasse,
    S'acharnant sur le cul zébré,
    Qui se trémousse et se démène,
    Elle le crible à tour de bras,
    Fouillant les plus secrets appas,
Adroitement cinglant dans son domaine,
Le boutonnet, dès qu'il montre le nez.
Le gros derrière en bonds désordonnés
    Plaisamment se tortille,
A chaque coup qui froisse le satin.

Pendant que gémit la pauvre fillle,
    Redoublant d'ardeur, la nonnain
    La fustige et la catéchise:
    «Flic, flac, eh! bien, est-ce aussi bon,
    «Que le péché de gourmandise,
«Qui vous valut cette fessée, ô Lise?
    «Flic, flac, et ceci donc?
    «C'est encor meilleur, je l'espère.
      «Tantôt notre bon père,
      «En guise de bonjour,
    «Vous dira deux mots à son tour.
    «Flic, flac, ah! vous sentez la chose!

«Votre gros cul se trémousse et bondit,
 «Le lis y fait place à la rose;
 Mais pour un tel délit,
«Il faut qu'en rouge vif ce blanc satin se teigne
 «Mignonne, il faut qu'il saigne.
 «Flic, flac, il saignera
«Tantôt, quand à son tour la verge vous dira
 «Un petit mot. Ah! vous criez, ma belle,
 «Flic, flac, criez, hurlez,
 «Flic, flac, si vous voulez,
 «Pour embellir ce beau cul de pucelle,
«Je veux y découper, mignonne, une dentelle,
 «Ah! vous pouvez vous déhancher,
 «Je saurai bien vous l'écorcher
 «Du haut en bas, de long en large,
 «Sans y laisser la moindre marge.
 «Flic, flac, sentez-vous la douleur?
 «Flic, flac, ô la plaisante mine!
 «Vous aimez donc la discipline;
 «On vous en donnera, mon cœur.
 «Flic, flac, voyez donc la gourmande,
 «Dirait-on pas que ce gros cul demande
 «D'être fouetté jusqu'à demain?
 «Voyons que j'y porte la main.
 «Clic, clac, clic, clac, oh! la friponne!
 Ses fesses me brûlent les doigts

«Clic, clac, clic, clac. Dieu me pardonne,
«Ceci lui fait plaisir, je crois.
«Clic, clac, clic, clac, et ces gifles, ma chère,
«Clic, clac, clic, clac, font-elles votre affaire?
«Mais ne sentez-vous rien, vraiment?
«Vous vous taisez, nous allons, ma divine,
Puisque ceci pour vous n'est qu'un amu-
(sement,
«User d'une autre discipline.

«Clic, clac, que dites-vous des verges que voici?
«Clic, clac, ah! vous goûtez bien mieux ceci!
«Ceci vaut mieux que la lanière,
«Ça déchire un peu le derrière.
«Mais pourquoi criez-vous merci?
«Ne prenez donc pas cette peine,
«Votre gros cul n'a pas fini,
«Ma charmante, d'être béni.
«Clic, clac, il aura la centaine,
«Clic, clac, il la lui faut, ma reine,
«Clic, clac, oui pour vous l'écorcher,
«Clic, clac, et pour vous le hacher —»

Le sœur Tourment toujours crible et flagelle
Rageusement le beau satin,
Qui fume et rougit de plus belle.

Elle ne parle plus, mais l'on voit sa prunelle
        S'illuminer soudain
        D'un éclair qui l'enflamme.
Ses lèvres s'entr'ouvrant, comme pour un
                                    (baiser,
        Semblent laisser passer son âme ;
        Sa fureur paraît s'apaiser.
        En effet sur le gros derrière
        Les coups retombent espacés,
        Mais si savamment dispensés,
        Qu'à chaque atteinte l'écolière
        Hurle de douleur et d'amour.
Le cul déchiré saigne et le bouton se mouille,
    En même temps sous la rude chatouille
    De l'instrument, qui comble tour à tour
    Chaque bijou de cuisantes caresses,
Soit qu'il cingle la raie entre les tendres
                                    (fesses,
On le petit bouton dans le divin séjour.
        La verge retombe plus douce,
        Lise se tord et se trémousse ;
        La nonnain, depuis un moment,
        Imite chaque mouvement
        Du derrière qu'elle flagelle ;
    La croupe ondule en un balancement
Lascif, voluptueux ; bientôt elle chancelle,

Et soudain, suspendant ses coups,
La voilà qui tombe à genoux...

Je saute du fauteuil, j'écarte la béguine,
Et ramassant la discipline,
Par dix coups cinglés lentement
Je viens finir le châtiment,
Qui pour la belle se termine
Dans de voluptueux transports.
A chaque coup, qui lentement retombe,
On voit frémir le bas du corps;
Le cul rouge et sanglant se bombe,
Se baisse, s'ouvre et laisse voir,
Entr'ouverts sous le duvet noir,
Les bords de la petite fente;
Et dans la fournaise béante,
Le bouton qui pleure enchanté,
Constellant les poils de la motte
De perles, que la volupté
Distille dans l'aimable grotte.
La verge ne retombe plus,
Pourtant le cul frissonne encore;
On voit vibrer le cher petit reclus,
Comme une corde de mandore;
Puis la fente qui va se clore,
Se rétrécit, les petits bords charnus,

Enferment le joli nez rose,
Qui se montre encapuchonné
Sur le bord du nid satiné ;
Et puis, plus rien, la porte est close.

Sœur Tourment, l'œil chargé de désirs
                                (amoureux,
S'agenouillant, comme une pécheresse,
Veut qu'aussitôt on la confesse,
Et qu'on vienne éteindre les feux
Dont l'incandescence la brûle.

Je l'entraîne dans ma cellule,
Et là, dans l'ombre et le secret,
Je confesse à loisir la chaude pénitente,
Encore toute palpitante…
Mais là-dessus, soyons discret.

LA DISCIPLINE AU COUVENT (1830).

II

ELLY va recevoir le fouet,
La nuit dernière, on l'a surprise
Se glissant dans le lit de Lise;
La belle est condamnée à subir
(en secret
Le plus redoutable supplice,
Que sœur Tourment ait inventé
Pour châtier un vilain vice,
Qu'elle punit toujours avec sévérité.
C'est Sifflante qui va dire un mot au derrière,
Et quand Sifflante vient se mêler de l'affaire,
Le cul garde longtemps le souvenir sculpté
De ce châtiment salutaire.

Sur une chaise longue on étend l'écolière,
Les bras en croix et les pieds écartés,
Assujettis et garrottés.
Quand la coupable à demi-nue,
Un bandeau sur les yeux, est ainsi maintenue,
Ne pouvant faire un mouvement,
La nonne congédie aussitôt la cohorte
Qui vient de lui prêter main-forte,
Referme l'huis, et vient tout doucement
De ma cellule ouvrir la porte ;
Puis elle s'en va découvrir
La fessier qu'elle doit punir.

Nelly n'a plus que la culotte
Et sa chemise ; sœur Tourment
Vous l'en dépouille en un moment,
Comme un enfant qu'on démaillotte,
Relevant l'une sur les reins,
Rabattant l'autre sur la cuisse,
Découvrant des appas divins,
Que je contemple avec délice.
Deux hémisphères potelés,
Du satin le plus blanc du monde,
Fermes, dodus, largement étalés,
S'arrondissent en mappemonde,
Invitant la lèvre au baiser,

Et la main à s'y reposer.
Entre les cuisses écartées,
On aperçoit, fermant l'écrin,
Deux lèvres roses, surmontées
D'un épais duvet noir et fin
(La mignonne a seize ans à peine).

Cependant la nonnain,
Pour que rien ne la gêne,
Retire sa robe de laine;
Moi je m'escrime avec la main
A changer ces beaux lis en roses,
Faisant de temps en temps des pauses,
Pinçant la chair entre mes doigts;
Puis, reprenant son exercice,
Ma main retombe sur la cuisse,
Et sur la grotte quelquefois;
A chaque gifle qui résonne
Froissant et rougissant la chair,
Je vois tressaillir la mignonne.

Mais déjà la terrible nonne
S'avance, en faisant siffler l'air
De sa cravache élégante et flexible,
Qui menace la tendre peau
D'une correction terrible;

Car l'inexorable bourreau
Réserve au cul de la coupable
Un traitement impitoyable.
Elle veut que le châtiment,
Digne du péché détestable,
Infligé très sévèrement,
Imprime un sentiment durable
Sur ce superbe monument.

Je cède donc la place à sœur Tourment,
La nonne n'a gardé qu'une fine chemise,
Qui descend jusques aux genoux,
Voilant à peine les dessous ;
Deux gros seins rebondis que la haine divise
Comme deux frères ennemis,
Emergeant dans le haut, se faisant vis-à-vis,
Dressent leurs pointes roses ;
Et quand elle lève le bras,
Ce sont mille adorables choses,
Ce sont de merveilleux appas,
Que le voile, qui les soulève,
Me montre comme dans un rêve.

Déjà le premier coup du terrible instrument,
Qui tombe en fouettant l'air d'un affreux sif-
(flement

En rouge vif sur les fesses s'imprime,
Et fait bondir le cul de la victime,
   Qui pousse un long gémissement.
Un second coup auprès de l'autre creuse
   Un mince sillon qui bleuit;
     La victime rugit.

   «Flic, flac, voyons, dit la fesseuse,
   «En cinglant vigoureusement
   «Le gros fessier déjà fumant,
»Si nous saurons vous guérir de ce vice.
«Flic, flac, humilions ce cul si blanc, si fier;
   «Flic, flac. coupons, hachons la chair,
   «Flic, flac, voyons sur cette cuisse;
   «Flic, flac, sur l'autre maintenant,
   «Flic! flac, et sur l'impertinent,
   «Qui dans sa prison semble rire.
   «Flic, flac, ah! ceci doit vous cuire!
«Flic, flac, il faut pourtant qu'il ait son
              (tour aussi,
   «Le petit diable que voici.
   «C'est lui qui fait votre martyre,
   «C'est grâce à lui, qu'on vous déchire.
  «Flic, flac, il ose encore se montrer;
«Flic, flac, cache-toi donc, ou nous allons,
             (beau sire,

«Comme le cul te déchirer.
«Votre gros cul meurtri se tord sous la
(souffrance,
«Et vous criez, Nelly, comme un chat écorché ;
«Il faut pourtant qu'il soit dans tous les
(coins haché ;
«Aussi, ma mie, on va presser la danse».

Pour fouetter plus à l'aise, elle arrache soudain
Sa chemise et la lance au loin dans la carrière.
Toute nue à présent la superbe nonnain
Fouette rageusement la charmante écolière,
Qui sanglote et gémit tortillant son derrière.

Ce spectacle enchanteur a mis Jacques en train,
Et vers l'opulente croupière
Me dirigeant, l'arme à la main,
Je viens sans plus tarder l'attaquer par
(derrière.
La nonne, suspendant à ce contact ses coups,
Se penche, me venant en aide.
Ecartant ses genoux ;
Et dans la grotte humide et tiède
Je pénètre sans grands efforts.

Quand la nonnain, en levrette fouillée,

Jusqu'au nombril se sent enchevillée,
    Elle redresse un peu le corps.
Accroché des deux mains à l'aimable saillie,
Que forment par devant deux globes potelés,
    Je fouille la grotte assaillie
    Avec une ardeur recueillie,
Ne perdant pas de l'œil les appas flagellés.
    Car pendant que je manœuvre,
    Sœur Tourment, reprenant son œuvre,
    Cingle le cul rouge et fumant,
      Tandis qu'elle sermonne
    De nouveau la tendre mignonne,
Qui hurle chaque fois que l'affreux instrument
Vient hacher en sifflant, les chairs qu'on
                    (voit se tordre
    Sous le baiser qui vient les mordre.

    «Flic, flac, voici pour lui, ma chère.
«J'aime à voir gigotter ce gros cul sous mes
                    (coups;
«Flic, flac, n'oublions pas l'ami dans son
                    (repaire;
    «Flic, flac, voici pour lui ma chère.
    «Ah! c'est plaisir de vous fesser,
    «Mignonne, et de vous caresser,
    «Flic, flac, entre vos tendres cuisses,

«Pour ôter l'envie au bijou,
«De redemander des services
«Au petit doigt dont il est fou.
«Flic, flac, ah, ah, ceci; mignonne, doit
                              (lui plaire,
«C'est un puissant auxiliaire,
«Et c'est un piquant aiguillon.
«Mais revenons, s'il vous plaît, au derrière :
«Que chaque coup y creuse son sillon!
«Ah! vous avez le cul du plus beau vermillon;
«Il brûle, il fume, il saigne, et comme il
                              (doit vous cuire!
«Ah! vous devez souffrir un horrible martyre!
«Flic, flac, Nelly, je veux ce soir
«Si bien traiter votre beau roposoir,
«Qui de longtemps, j'espère,
«Vous ne pourrez, ma chère,
«Sur votre séant vous asseoir. —»

Cependant sous les coups les deux fesses
                              (bondissent,
S'ouvrent, se ferment, s'élargissent.
Sur le satin étincelant,
Que la cravache à chaque coup entaille,
Perlent quelques gouttes de sang.
Puis au revers de la médaille,

Tout rouge sur le bord
De la grotte qui bâille,
Le clitoris qui sort,
Se trémousse et palpite;
Mais il rentre bien vite,
Fuyant le fâcheux instrument,
Qui guère ne ménage
Ni l'oiseau, ni la cage,
Qu'il fustige cruellement,
Dès que la porte s'ouvre,
Et que le mignon se découvre,
Venant prendre l'air un moment.
Mais malgré l'horrible torture,
Que la tendre mignonne endure,
Il se tord enchanté,
Prêt à pleurer de volupté.

Sœur Tourment toujours continue
A fustiger le cul fumant;
Mais on sent que sa main plus molle distribue
Des coups moins drus, plus doucement :
La gaine qui l'enserre.
Sur mon membre se serre,
L'étreignant fortement,
Je sens que la croupe amoureuse
De l'ardente fesseuse

Sur mon ventre se tord voluptueusement.

En ce moment la fustigée
Se taît, dans l'extase plongée,
Et semble attendre le moment
D'un délicieux dénouement ;
Mais soudain la nonnain a relevé Sifflante,
Et par deux coups, terribles, furieux,
Elle fait de sanglants adieux
Aux fesses de la penitente,
Découpant un double feston
Snr la chair vive et palpitante.
Et pendant que se tord et hurle le tendron
Sous cet affreux coup d'éperon,
La nonne entre mes bras s'affaisse pantelante.

Une séance au club des „Flagellantes".

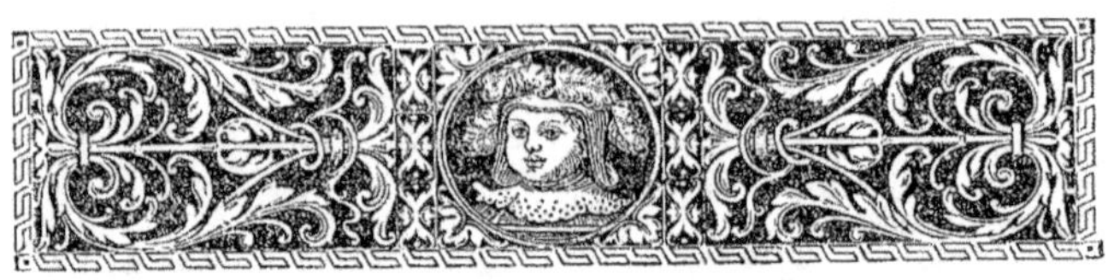

UNE SÉANCE AU CLUB DES
«FLAGELLANTES»

(Ce récit est la traduction littérale d'une
lettre de mon jeune ami, sir John Seller,
qui a assisté, déguisé en femme à la
séance qu'il me décrit sur ma demande.
Il m'en avait déjà fait le récit, mais
j'ai préféré pouvoir traduire ici sa re-
lation, que de me fier à ma mémoire).

ous savez, my dear, que j'ai vécu
pendant six mois auprès de l'ado-
rable lady Loverod; vous savez
aussi comment prit fin cette cu-
rieuse aventure. La noble dame, alors âgée de
vingt-quatre ans, très passionnée pour la verge,
aimait à la donner comme à la recevoir, et

beaucoup plus à la voir donner. Elle faisait
partie du club des Flagellantes de la Cité. Les
ladies qui le composaient, au nombre de vingt-
cinq, toutes mariées à des lords, appartenaient
à la meilleure société de Londres. Toutes les
clubwomen étaient en outre de ferventes
Lesbiennes, comme vous les nommez, et
bien que dans le privé, témoin ma maîtresse,
elles sacrifiassent volontiers à Priape, les
hommes étaient rigoureusement consignés à
la porte de leur club, car elles ne voulaient
pas initier des portes-verges à leurs pratiques
mystérieuses.

J'avais à cette époque, dix-huit ans, et
grâce à une figure imberbe, lady Loverod,
pour m'avoir constamment sous la main,
sans s'exposer aux médisances, m'avait ainsi
que vous le savez, habillé en femme, et
engagé en qualité de lectrice. Je portais assez
bien le costume du sexe que chacun m'at-
tribuait, et en exagérant à peine le velouté
de ma voix, j'étais arrivé le plus facilement
du monde à passer pour ce que je ne suis
pas. Je reprenais la nuit auprès de mon
adorable maîtresse, qui le devenait alors dans
tous les sens, les prérogatives avec les attri-

buts de mon sexe. Jamais personne jusque-là,
n'avait soupçonné la vérité.

Chaque fois que ma maîtresse revenait du
club, qui tenait ses réunions une fois par se-
maine, elle était comme un tison incandes-
cent, et me communiquait vite son feu, par
le récit émoustillant des pratiques de la soirée.
C'était, ces nuits-là, des orgies de caresses,
et des débauches d'amour, des indigestions
de plaisirs.

Curieux d'assister à une séance, je désolais
ma maîtresse pour qu'elle m'y amenât. Je
savais que les victimes expiatoires étaient toujours des volontaires, qu'on en trouvait plus
qu'on n'en voulait : je ne risquais donc pas
qu'on m'imposât la sellette. Lady Loverod
hésitait cependant à céder à mon caprice,
redoutant qu'un malheureux hasard ne décou-
vrît le subterfuge ; et Dieu sait ce qui advien-
drait de nous dans ce cas. Chaque club-
woman pouvait, sous sa responsabilité, amener
une amie sûre ; mais la règle était formelle
quant aux hommes, qui rigoureusement exclus,
s'exposaient aux châtiments les plus redou-
tables, s'ils s'avisaient de violer le gynécée
interdit aux mâles.

Un jour enfin, cédant à mes instances réitérées, lady Loverod, consentit à m'emmener au club, en me recommandant bien d'observer la plus scrupuleuse réserve, et d'éviter soigneusement la moindre imprudence, qui pût dévoiler mon sexe. Je promis tout ce qu'on voulut, intéressé à tenir parole, pour éviter les rigueurs auxquelles la découverte de mon sexe nous aurait exposés, ma maîtresse et moi.

Le soir de la réunion, le cab de lady Loverod nous emportait vers le club des Flagellantes. A la porte, on ne fit aucune difficulté pour me laisser passer, présenté par par ma noble maîtresse. La société était presque au complet, quand nous pénétrâmes dans la salle. Les Ladies présentes nous entourent, et félicitent lady Loverod d'avoir amené cette ravissante Miss. Elle leur laissa entendre que j'étais une recrue pour un avenir très prochain, dès que je serais mariée, ce qui ne pouvait tarder ; mais qu'on eût pitié de mon extrême timidité, et qu'on la laissât être mon mentor durant toute la séance.

Nous étions dans la salle des exercices, un grand appartement éclairé à giorno, meublé avec le plus grand luxe et tout le confort désirable, où l'on voyait disséminé tout le matériel que comporte l'art de la flagellation; car ici on a élevé la discipline à la hauteur d'un art; divans, fauteuils, chaises longues, ottomanes, échelles, cheval de Berckley, cheval en bois avec selle rembourrée, appareils de gymnastique, etc... on s'enfonçait en marchant sur un épais tapis qui étouffait le bruit des pas.

Bientôt les retardataires arrivèrent, et la réunion se trouva au complet. On verrouilla les portes, de façon à empêcher un envahissement intempestif du dehors; puis la présidente, lady Birchlike, qui trônait sur un fauteuil élevé, déclara la séance ouverte.

Deux clubwomen toutes jeunes, qui paraissent vingt ans à peine, lady Younger, et lady Pretty, se lèvent en même temps; demandant la parole. Toutes deux déclarent qu'elles désirent ouvrir la séance par un ensemble gracieux. Je ne savais pas comment se pratiquait ce duo de verges; mais je fus vite au courant. Les deux patientes volontaires se servent mutuellement de femmes de chambre, chacune déshabille l'autre, retirant d'abord les dessus, corsages, jupes, jupons; puis déboutonnant le pantalon, elles le font glisser le long des jambes, lèvent les pieds, sortent du milieu du fatras des vêtements, et quand elles sont en chemise, chacune fait voler le dernier voile de l'autre, par-dessus la tête, découvrant dans ce brusque mouvement, deux corps aux appas séduisants, agréablement potelés, dont l'apparition subite me cause une douce surprise.

Je considère émerveillé mes deux beautés nues; c'est bien toujours la jolie peau pétrie de lis et de roses de nos jolies Anglaises, toujours ravissantes dans la jeunesse. et qui varie si peu, comme vous savez, mais qui a bien son charme, le charme indéfinissable des vierges d'Albion.

Elles saluent l'assistance, nous montrant leurs belles gorges rebondies, qui sautent sur leur poitrine, et tout au bas du ventre la toison dorée chez l'une, du plus beau noir chez l'autre (beauté rare chez nous), bien que les deux amies soient blondes l'une et l'autre.

Après leurs salutations, elles s'en vont,

penchées l'une vers l'autre, la bouche sur la bouche, enlacées, jusqu'au milieu de la salle· Un trapèze descend du plafond sur leur tête. Elles se réunissent corps à corps, ventre contre ventre, seins contre seins, bouche à bouche. Deux ladies s'avancent, tenant à la main chacune une écharpe, l'une rouge pourpre, l'autre rose tendre. Elles font le tour du haut des corps nus avec l'écharpe rose, puis jetant un bout par-dessus la barre du trapèze, elle le nouent au bout qui est à l'épaule ; elles entourent le bas des jambes avec l'écharpe rouge, et s'éloignent du groupe, chacune d'un côté, tenant un bout de l'écharpe dans la main. Les deux amies ainsi attachées sont en contact ininterrompu de la tête aux pieds ; elles s'entourent le haut du corps de leurs bras restés libres, pour se joindre plus intimement.

Quand les préparatifs sont terminés, la présidente, lady Birchlike, descend de son fauteuil, prend sur une table deux faisceaux de longues verges, nouées de faveurs roses, en donne un à lady Loverod, garde l'autre et va prendre position devant la croupe de lady Younger, tandis que ma maîtresse se poste derrière lady Pretty ; et soudain, toutes deux à la fois, levant le bras, elles se mettent à appliquer ensemble la verge sur les fesses rebondies qu'elles ont à leur portée. Après quelques légères cinglées en guise de bonjour, qui rosent à peine la neige du satin, elles s'arrêtent deux secondes, puis chacune à son tour, alternant la cadence, la seconde répétant comme un écho le clic de la première, on entend un clic, clac alterné, résonnant sur la peau tendue comme celle d'un tambour.

Les patientes reçoivent la verge sans une plainte, poussant le ventre en avant ou revenant en arrière, dans un va-et-vient qui s'accentue, à mesure que la violence des cinglées augmente. Je comprends pourquoi on a attaché les mignonnes ; chaque heurt du ventre contre le ventre, les jetterait par terre, tandis que le choc imprime ainsi un mouvement fort plaisant de balancement aux deux corps qui se repoussent alternativement.

Clic, clac, clic, clac, les verges retombent plus fort sur les fesses qui rougissent et se tordent en de plaisantes contorsions ; les reins en se cambrant les font ressortir en superbes

reliefs, qui se renflent et s'affaissent tour
à tour.

Les fouetteuses s'arrêtent encore quelques
secondes, et reprenant aussitôt la fustigation
elles cinglent maintenant les deux culs ensemble, maniant les verges vigoureusement
dans un accord parfait, striant les chairs de
longues lignes rouges, soulevant des cloques
sur la peau. Les fustigées qui reçoivent les
cinglées simultanément, se heurtent violemment à chaque coup, se séparent pour se
heurter encore, avec un bruit de chairs cla-
quées; et malgré le feu qui doit cuire leur
peau entamée, elles n'ont pas un cri, pas
une plainte. Les culs zébrés bondissent, se
trémoussent; des gouttelettes de sang perlent
à la surface, les Flagellantes jettent les verges,
et leur appliquent, pour finir, une fessée à
tour de bras, sous laquelle les deux amies
se tordent pâmées, et toujours muettes.

Quand on les détache, leurs cuisses mouillées me prouvent la vérité de cette antithèse,
que de la douleur peut naître le plaisir.

Elles passent dans le cabinet attenant à la
salle de discipline, où elles vont soigner leurs
fesses endommagées, dont le satin aura

bientôt repris ses lis ébouissants, grâce à l'application d'un baume spécial, souverain contre les meurtrissures.

Lady Birchlike, que l'exercice auquel elle vient de se livrer a mise en train, demande à éprouver les douceurs de la discipline. Elle choisit encore lady Loverod pour sa partenaire. Elle se déshabille donc ainsi que ma maîtresse, ne gardant que leurs bas de soie et leurs petits souliers pointus.

Cette fois on n'attache pas les deux patientes, qui prennent une posture originale. Lady Birchlike se tient debout, les jambes écartées, lady Loverod s'agenouille devant le verger de Cypris, et vient pratiquer accroupie les passades lesbiennes. Ses belles fesses veloutées reposent sur les talons, débordant des deux côtés en saillies opulentes, rebondissant en arrière sous la cambrure des reins s'offrant dans un épanouissement que je ne lui connaissais pas, moi qui les tripote tous les jours. La présidente a une superbe croupe, d'une blancheur de neige, étincelante comme du satin. Derrière les deux volontaires, lady Younger, et lady Pretty, qui ont revêtu un peignoir, vont rendre à ces deux superbes croupes, les cuisantes caresses qu'elles viennent de recevoir de leurs propriétaires. La première est debout derrière la présidente, la seconde inclinée derrière lady Loverod, toutes deux le bras levé.

Au signal donné les verges retombent, vigoureusement maniées, sans ménagement, sans préambule, retentissant sonores, sur les chairs pleines et dures. On n'entend, pendant quelques minutes, que le flic, flac, incessant des verges sifflant sur la peau qu'elles sillonnent de raies sanguinolentes; la fustigation est menée rondement et durement; les deux patientes, qui doivent souffrir comme des damnées, n'ont pas l'air de ressentir la plus légère émotion; lady Loverod ne bouge pas, absorbée dans l'accomplissement de son devoir; lady Birchlike, les deux mains sur la nuque de lady Loverod, les yeux au ciel, semble attendre la venue du Messie.

Clic, clac, les verges retombent plus fort, striant la peau de sillons livides sur toute la surface. Le cul de la présidente bondit et se trémousse; lady Younger jette les verges, et s'agenouillant devant la mappemonde fumante, la couvre de baisers; derrière lady Loverod, la fouetteuse étendue embrasse amoureusement le beau cul meurtri. Je n'ose prendre sa place, malgré la folle envie que j'ai de la déloger ... Quand ma maîtresse se relève, je constate qu'elle a, elle aussi, payé son tribut à l'amour, pâmée par le seul stimulant de la verge.

Ce fut ensuite le tour de lady Fair, une toute mignonne blonde potelée, qui sollicite les bienfaits de la verge. Deux ladies s'en emparent, et la déshabillent en un tour de main, ne lui laissant que la chemise et un joli pantalon collant, qui moule admirablement les rondeurs saillantes de sa belle croupe rebondie. Une vigoureuse clnbwoman se dépouille de tous ses vêtements, ne gardant que ses chaussures, et vient offrir son concours. On hisse la petite dame blonde sur ses reins; elle entoure la porteuse de ses bras, s'accroche par devant aux gros tétons, exhibant sa belle mappemonde toujours enfermée. On ouvre le pantalon, qu'on descend et qu'on retire, on roule la chemise qu'on épingle aux épaules, découvrant au bas d'une admirable chute de reins, un superbe postérieur potelé, fait de lis immaculés; au-dessous du creux formé par l'arrondissement des fesses, entre les cuisses écartées, on aperçoit la jolie fente vermeille, au milieu d'un fouillis de frisons roux.

On me tend les verges, en me recommandant de m'escrimer sur le beau derrière, et de ne pas le ménager. Il était si joli, ce beau cul blanc, que je ne pouvais me résoudre à l'abîmer, je prends donc les verges avec l'intention de les manier avec une grande indulgence.

Clic, clac, clic, clac, elles retombent, faisant plus de bruit que de mal, et après deux minutes de cet indulgent exercice, les lis immaculés de ce beau cul blanc étaient à peine changés en neige rose. Je ne faisais pas sans doute l'affaire de la blonde lady, qui restait immobile sur les reins qui la supportaient, car elle s'écria: «Plus fort, plus fort donc»! «L'entourage, qui s'en mêle aussi; me reproche vivement ma faiblesse.

Voyant que tout le monde insiste, et que l'intéressée surtout réclame du nerf, j'accentue les cinglées, la neige rose change bientôt en coquelicots du plus beau rouge pourpre, et j'ai le plaisir de voir enfin le beau derrière s'agiter, manifestant qu'il sent vivement les piqûres des verges. Mis en goût par la vue de ces plaisantes mines, et voulant d'ailleurs m'en tirer en honneur, je fais pleuvoir une grêle de coups sur l'aimable postérieur, qui fait sur les reins des bonds désordonnés, laissant voir entre les cuisses le petit bouton vermeil à l'entrée de la grotte entre-bâillée. Je cingle les cuisses à l'endroit où la peau est plus tendre et plus sensible, puis, au risque d'atteindre les reins de la porteuse, je dirige les pointes sur le centre des délices, atteignant le bouton qui palpite sous les atteintes; puis je reprends de plus belle sur les fesses, qui se contractent, s'écartent, se resserrent, et enfin se détendent, restant grandes ouvertes, la raie élargie entre les globes écartés, exhibant au bas le petit trou noir. Je jette l'instrument pour embrasser à pleines lèvres le derrière brûlant. Les reins de la porteuse étaient inondés.

Lady Rider veut faire de l'équitation; elle demande le cheval sellé. C'est une jeune Anglaise récemment mariée, et admise depuis son mariage, qui est une des ferventes de la verge. On la met en tenue, ne lui laissant que ses bas de soie noire et ses brodequins vernis.

Je me repais un moment de l'adorable spectacle qu'offre ce corps ravissant, qui s'exhibe dans les plus plaisantes postures, étalant des charmes virginaux, des tétons ronds et menus, dont la pointe semble un tout petit bouton de rose mousse. Elle met un pied à l'étrier, le pied droit reste à terre; les fesses ainsi distendues, laissent voir la petite fente vermeille, un peu tordue; puis s'enlevant à la force du poignet, la jambe droite vient se coller contre la gauche; elle la lance par-dessus la croupe du cheval, et l'enfourche aussi lestement qu'un écuyer de cirque.

Dès qu'elle est en selle, lady Whip s'empare d'une fine cravache de dame, et vient stimuler l'écuyère. D'abord de légers coups laissent la cavalière insensible et immobile sur la selle; puis des coups plus vifs, qui tracent de petites lignes roses sur la peau, l'obligent à prendre le trot; elle se dresse sur ses étiers, allant à l'anglaise, le cul retombant chaque fois avec force, les cuisses serrées, tenant la bride en main, comme pour maintenir sa monture. Bientôt sous un redoublement de coups rudement cinglés, qui fendillent la peau, elle laisse le trot pour prendre un canter. Enfin c'est un galop échevelé, sous une grêle de cinglantes apostrophes; il semble que lady Rider va être désarçonnée, ses seins sautent sur sa gorge, son derrière se secoue; puis ses cuisses serrent les flancs de la monture, ses fesses se trouent de deux grandes fossettes, elle s'arrête, se frotte lascivement sur le velours de la selle; la fouetteuse suspend son stimulant exercice, et se dressant sur la pointe des pieds, elle vient mordiller les fesses de la cavalière, qui chancelle pâmée sur sa monture.

Quand lady Rider est descendue de cheval, la présidente du club se tourne vers moi, et me demande si les aimables pratiques, auxquelles je viens d'assister, ne m'ont pas inspiré le désir d'éprouver à mon tour les délices du fouet. J'avais pour ne pas répondre oui, de trop bonnes raisons, je répondis donc le plus timidement que je pus, que pour aujourd'hui je me contenterai du ravissant spectacle qui n'était offert.

Lady Chubby et lady Plump, se présentent demandant le double jeu de l'échelle. Après s'être dépouillées de tous leurs vêtements, ne gardant que leurs chaussures, elles s'avancent vers l'appareil. Les deux club-women, toutes deux blondes, rondes, dodues bercent leurs plantureux appas, qui tremblent à chaque pas, plaisamment remués. L'échelle est fixée au plafond et au parquet ; les échelons sont éloignés d'un mètre et rembourrés. Lady Chubby se suspend au second échelon, par les genoux, le corps pendant, la tête en bas ; on lui attache les jambes aux montants au moyen de courroies, pour l'empêcher de glisser ; lady Plump se plante debout devant le corps renversé de son amie, la bouche à la hauteur de la fente, et présentant ainsi la sienne aux lèvres de la pendue, dont elle prend la croupe dans ses bras.

Derrière lady Plump, debout, les verges en main se poste lady Rigid, et sur un escabeau, pour être à la hauteur des fesses de la pendue, lady Skin-Tear se dispose à déchirer la mappemonde.

Les deux fouetteuses commencent ensemble
la flagellation, et pendant deux minutes, elles
cinglent sans interruption, à tour de bras, les
gros hémisphères, qui se trémoussent et rougissent dès les premiers coups, manifestant l'émotion qui les gagne par des torsions de croupe
lascives. On entend pendant une minute encore
le bruit sec des verges, retombant en cadence
sur les chairs tendres. La fustigation ne
dura pas longtemps; les deux énamourées,
excitées par le spectacle stimulant des précé-
dents exercices, et par la ferveur de leurs
prières simultanées dans le sacré tabernacle,
goûtèrent très vite la plus intense volupté.

Pendant ce dernier exercice, toutes nos
dames émoustillées, se sont dépouillées, à
l'exception des fustigées, et veulent s'offrir en
holocauste toutes en chœur. Les victimes
étant plus nombreuses que les bourreaux,
pour que chacune ait son compte, on les arrange par groupes. Elle s'accotent deux par
deux, corps à corps, chacune glissant un doigt
ou deux, selon la dimension du clitoris qu'elle
va branler, dans la fente de l'autre, formant
ainsi quatre couples. Sur les reins de chacune

d'elles, une des clubwomen sans emploi, saute à califourchon sur une croupe, présentant ainsi un double étage de superbes derrières, tous du plus blanc satin.

Comme il manque une écuyère, pour le dernier groupe, on me propose de prendre la place libre; nouveau refus très naturel de ma part. La présidente jette sur moi un regard méfiant; puis se dévêtant en un clin d'œil, elle saute à cheval sur la croupe vacante.

Huit de ces dames s'arment de verges, et s'en viennent chacune devant le double étage de postérieurs, exercer leur talent de flagellantes. Je cours d'un groupe à l'autre, m'amusant prodigieusement à ce charmant spectacle. On n'entend de tous côtés que le cliquetis des verges retombant bruyamment sur les culs en évidence, voltigeant de l'un à l'autre, cinglant le derrière d'en haut, cinglant celui d'en bas, y laissant chaque fois une raie blanche, qui se change à vue d'œil en rouge vif, zébrant la peau dans tous les sens. Les derrières bondissent sur les croupes, s'écartent, se ferment montrant dans un éclair, l'huis qui bâille entre les cuisses; à l’étage inférieur, les deux fesses vont et viennent comme les plaques d’un soufflet.

Tant que les verges retombent en cadence, le cliquetis sonore retentit en mesure; cet accord parfait rend formidable le bruit sec des cinglades, qui résonnent à l’unisson sur les chairs tendues, qu’elles claquent rudement. Mais bientôt la cadence est rompue, les verges retombent sans mesure, on n’entend plus qu’un clic, clac, continu, sans un intervalle, se courant après.

Le gros derrière de lady Birchlike, qui était encore rouge de la récente flagellation, se striait de raies livides à chaque baiser de la verge, que la Flagellante, vigoureuse gaillarde, préposée à la fustigation de ce groupe, maniait avec une rigueur redoutable. Je demeure devant ce groupe jusqu’à la fin de la cérémonie. Je remarquai que la fouetteuse laissait retomber les verges deux fois sur le postérieur d’en bas, pour une fois sur celui d’en haut, de sorte que quand les deux étages de mappemondes flagellées se secouèrent à l’unisson, dans les contorsions spasmodiques, les deux culs avaient le même aspect; ils étaient tous les deux striés de zébrures sanglantes.

Chacune ayant acquitté sa dette, les échafaudages se défont comme par enchantement, et les victimes disparaissent dans le cabinet de toilette, d'où elles reviennent au bout d'un quart d'heure.

Je croyais la séance terminée, mais les clubwomen avaient tenu conseil, avant de rentrer dans la salle des séances. La présidente, prise d'un soupçon à mon égard, avait résolu de l'éclaircir séance tenante; elle voulait savoir l'effet qu'avait produit sur moi les différentes scènes de flagellation auxquelles je venais d'assister, et peut-être aussi se renseigner sur mon état civil.

Deux d'entre elles, qui doivent surveiller lady Loverod, ne la quittent pas, tandis que les autres doivent s'emparer de moi, les unes pour me mettre dans l'impossibilité de me défendre, les autres pour m'arracher mes vêtements. Sur un signe de la présidente, en un clin d'œil, sans que je puisse me douter de ce qu'on me veut, dix clubwomen me sautent dessus, vingt bras m'entourent, me saisissent, me maintiennent immobile, pendant que des mains agiles se mettent en devoir de m'arracher promptement mes vêtements.

Lady Birchlike, qui a glissé sa main sous mes jupes, rencontre aussitôt l'objet du litige qui se dandinait démesurément gonflé, et le saisissant brutalement dans sa main, elle s'écrie : «Je tiens le coupable; je m'en dou-«tais, c'est un gentleman» —.

Un cri unanime de fureur sortit de ces poitrines gonflées par la colère. En un clin d'œil on me met tout nu, malgré la résis·tance que j'oppose aux vingt enragées, qui ont raison de moi. On me porte au milieu de la salle, on fait descendre deux anneaux de gymnase, on m'y attache solidement par les poignets, on attache ensuite mes jambes à des chevilles fichées dans le parquet. A trois mètres de moi, vis-à-vis, lady Loverod toute nue, me faisant face, est attachée comme moi, par les poignets et les chevilles, le corps droit, tendu, tiré.

«A quel supplice, sont-ils condamnés? «dit la présidente. —

«A l'épuisement, répondent en chœur les «vingt-quatre clubwomen» —.

Je me demandais quel genre de supplice

on nous réservait. Je fus vite renseigné sur
le sort qui nous attendait, ma maîtresse et
moi. Deux furies, armées de verges, se
postent, l'une derrière lady Loverod, l'autre
derrière moi, et commencent sur nos fesses
la première partie du supplice, tandis que
par devant, deux autres furies exécutent la
seconde. Celle qui est devant ma maîtresse,
a glissé deux doigts (elle sait aussi bien que
moi qu'un seul ne suffirait pas), dans le
sanctuaire de l'amour, et la branle à tour
de bras; la présidente prend mon gros priape
dans sa main, le serre à l'écraser, et le
secoue rudement; elle le branle ainsi pendant
une demi-minute, au bout de laquelle, il
lance sa liqueur en jets saccadés, qui jail-
lissent jusque sur la figure de lady Loverod,
qui jouit en même temps. Jusqu'ici, n'étaient-ce
les cuisantes morsures des verges, qui me
déchirent la peau, le supplice n'est pas trop
désagréable.

Les deux branleuses cèdent la place à deux
autres, ainsi que les deux fouetteuses, et les
quatre enragées reprennent devant et derrière
leurs victimes les violents exercices de leurs
devancières. L'issue ne se fait pas trop at-

tendre, cette fois non plus, et je vois qu'il en est de même chez ma vis-à-vis.

Quatre autres Flagellantes remplacent les dernières, les unes prenant les verges qui nous ensanglantent, et dont l'horrible cuisson nous arrache des cris de douleur, tandis que les deux autres nous branlent à tour de bras. L'issue, quoique un peu retardée cette fois, est encore heureuse, malgré la torture que nous endurons derrière nous.

Nos bourreaux cèdent la place à d'autres bourreaux, qui nous tripotent des deux côtés pendant dix minutes, avant d'obtenir un résultat, un peu douloureux pour moi. Nous changeons encore de mains, et au milieu des hurlements de douleur de leurs victimes, les furies obtiennent encore un léger succès, après des efforts inouis.

Le sixième quatuor de Flagellantes s'avance; mon priape mollet ne tient plus dans la main; sans doute que les doigts qui branlent ma maîtresse en face n'ont pas plus de succès sur le clitoris qu'ils tripotent, car la branleuse s'agenouille et vient glisser sa langue dans la fente, tandis que la mienne prend mon membre dans sa bouche, et le suce pendant quelques minutes, au bout desquelles elle en tire quelque chose de visqueux, en très petite quantité, pendant que je hurle sous la cuisante morsure des verges, qui me hachent les chairs.

Je comptais que le supplice était fini là. Les fouetteuses, devenant branleuses, à leur tour, et les branleuses prenant les verges, se relayent pour poursuivre le supplice de l'épuisement. A force d'insister, celle qui suce ma verge obtient un semblant d'écoulement; la huitième forcenée me tira quelque chose de brûlant; une autre la remplaça, puis une autre, encore une autre, puis une autre toujours; toute la bande se relayait, passant du devant au derrière, nous déchirant ici la peau hachée à coups de verges, et tirant des larmes de feu par devant. Les dernières forcenées, cependant, voyant qu'elles ne pourraient pas toutes avoir leur tour, s'acharnèrent sur moi avec la persévérance de la haine féminine, se relayant pendant une heure, pour arriver à tirer à ma verge, une goutte de sang, qui me brûla le canal, comme un fer rouge qu'on y promènerait. Cette fois l'épuisement était complet.

La présidente, prenant la parole dit : «Et
«maintenant, pour que ce perfide gentleman
«puisse jouer à la femme avec plus de vrai-
«semblance, nous allons lui retrancher ce
qui l'en distingue; sa voix de lectrice y
«gagnera aussi.»

Comme elle achevait ces effrayantes me-
naces, une des Flagellantes revient du cabinet
de toilette, portant sur un plateau d'argent
un immense couteau de cuisine, dont la vue
me fit passer des frissons dans les moelles,
à la pensée du sort affreux, qu'on me réserve.
Lady Birchlike prend le coutelas, dans la
main droite, et me dit d'un ton glacial, en
me montrant le tranchant aiguisé comme un
rasoir : «Dites adieu à ce que vous allez
«quitter» — ; et prenant dans sa main gauche
l'emblème de ma virilité, elle y porte la
lame homicide. Dès que je sens le froid de
l'acier, qui va trancher le ... fil de mon
bonheur, je m'évanouis d'épouvante et d'hor-
reur, et aussi d'épuisement ...

Quand je revins à moi, les féroces clubwomen étaient parties depuis une demi-heure
environ. Elles m'avaient délié un poignet,

sans doute pour me permettre de me délivrer
moi-même, et de délivrer ensuite lady Loverod, toujours attachée et évanouie, quand
j'aurai repris mes sens.

Ma première pensée fut pour l'horrible
mutilation que je venais de subir, et je faillis
m'évanouir de nouveau à cet affreux souvenir. Je n'osais y porter la main. Cependant je n'éprouvais pas une douleur bien vive
à la place de la section, mais je sentais une
cuisson de tous les diables, dans le canal,
et dans le gland absent, comme les am-
putés d'une jambe, qui marchent avec une bé-
quille de bois, souffrent d'un cors qu'ils avaient
au pied amputé. Je me décide pourtant à
inspecter les lieux, pour savoir ce qu'elles
m'en avait laissé ; je trouve, pendant entre
mes cuisses, mon membre tout entier, tout
mollet, mais gonflé comme un boudin. Sans
doute, me dis-je, ces féroces Flagellantes n'ont
pas voulu pratiquer l'amputation complète,
et m'ont laissé de quoi... satisfaire à mes
besoins naturels ; elles n'ont enlevé que les
témoins indispensables pour... aimer. O
surprise, je les ai encore tous les deux ; ils
tiennent, ma foi, ils ne sont pas collés.

Mais alors, elles n'ont fait, Dieu merci, que le simulacre.

Bigre, me dis-je, et moi qui roulais dans ma cervelle des projets de vengeance féroce! Elles ne m'ont rien pris, elles ne me doivent rien; et puisque je conserve le droit d'espérer des moustaches, l'homme entier ne doit pas épouser les querelles de l'eunuque.

Dès que je suis détaché, je vole au secours de mon infortunée maîtresse. Lady Loverod était exténuée, mais elle commençait à se remettre. Elle m'expliqua qu'on l'avait ménagée, comme les règlements du Club l'exigaient, on avait poussé l'épuisement avec elle, jusqu'à la lassitude, et la flagellation avait été également modérée. En effet, ses fesses étaient à peine pointillées de gouttes de sang, tandis que mon derrière était littéralement haché.

Ma maîtresse me conduisit au cabinet de toilette, où elle m'enduisit les parties endommagées d'un baume cicatrisant souverain. J'en fis autant à son derrière, et nous repartîmes dans sa voiture. Il me fut impossible de m'asseoir durant le trajet; je restai deux jours sans pouvoir me servir de mon séant et huit jours sans pouvoir utiliser mon outil.

Le lendemain, lady Loverod partait pour une de ses terres, me laissant un billet qui, comme vous le savez, équivalait à un congé. Vingt-quatre Flagellantes, bien que tenues au secret par leur plus grand intérêt, connaissant mon sexe, il m'était difficile de conserver auprès de ma maîtresse, une fonction de lectrice.

Depuis que j'ai repris mes habits d'homme, je revois souvent lady Loverod qui est revenue de ses terres, et qui est toujours la club-woman la plus assidue des «Flagellantes». C'est toujours après une séance du Club, que ma maîtresse, qui me fait des visites quotidiennes, est le plus ardente; et je vous prie de croire que ces jours-là, nous ne perdons pas notre temps en babioles, et que le chômage n'est pas de saison; et lorsque son fidèle serviteur, celui qu'elle aime par-dessus tout, même plus que son Club, celui qu'on punit là-bas par l'épuisement, et qu'on menaça d'un horrible attentat, est en détresse, lady Loverod me raconte la séance, et le gaillard, qui prête à ce récit une oreille attentive, a vite fait de redevenir le vaillant champion qui m'a valu et qui m'attache une adorable maîtresse.

Je suis à votre disposition pour vous rendre compte des séances de flagellation que me raconte ma charmante maîtresse. Seulement si vous faites usage de ces détails, observez toujours la plus scrupuleuse réserve, et souvenez-vous que, pour le public, vous ne connaissez lady Loverod et les clubwomen des «Flangellantes», que sous leur nom de guerre.

Your dearrest Tellor.

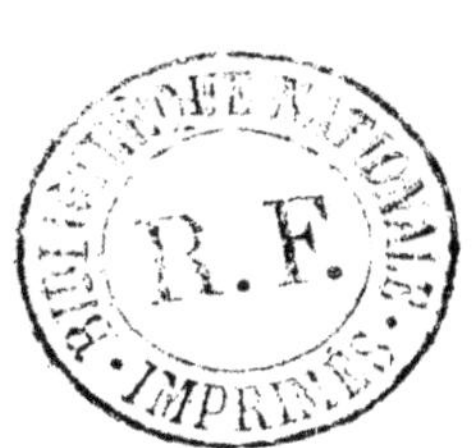

www.ingramcontent.com/pod-product-compliance
Lightning Source LLC
LaVergne TN
LVHW051109200726
843508LV00001B/446